北京市教育科学"十四五"规划2023年度一般课题"新功
大学生就业能力提升的策略研究"（课题批准号：CEDB
阶段性成果

大学生就业观与就业能力指导

李文静◎著

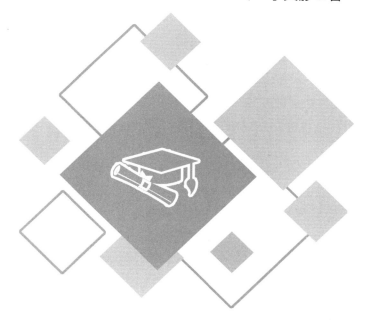

EMPLOYMENT VIEW AND EMPLOYABILITY
GUIDANCE OF COLLEGE STUDENTS

经济管理出版社
ECONOMY & MANAGEMENT PUBLISHING HOUSE

图书在版编目（CIP）数据

大学生就业观与就业能力指导/李文静著 . —北京：经济管理出版社，2024.3

ISBN 978－7－5096－9647－7

Ⅰ.①大… Ⅱ.①李… Ⅲ.①大学生—就业—研究—中国 Ⅳ.①G647.38

中国国家版本馆 CIP 数据核字（2024）第 065370 号

组稿编辑：张巧梅
责任编辑：张巧梅　白　毅
责任印制：张莉琼
责任校对：蔡晓臻

出版发行：经济管理出版社
　　　　　（北京市海淀区北蜂窝 8 号中雅大厦 A 座 11 层　100038）
网　　址：www. E-mp. com. cn
电　　话：（010）51915602
印　　刷：北京晨旭印刷厂
经　　销：新华书店
开　　本：720mm×1000mm/16
印　　张：10.5
字　　数：195 千字
版　　次：2024 年 4 月第 1 版　　2024 年 4 月第 1 次印刷
书　　号：ISBN 978－7－5096－9647－7
定　　价：88.00 元

前　言

　　大学生就业一直是社会关注的热点问题。随着社会经济的不断发展和高等教育的普及，大学生毕业人数在逐年增加，端正就业观和提高就业能力既是不断推动社会发展的需要，也是培养全面发展的高素质人才的需要，具有重要的现实意义。为进一步推动大学生快就业、好就业，各级教育主管部门和各高校努力实践和探索，明确责任，强化措施，规范管理，对大学生就业工作的认识不断提高、活动内容不断丰富、活动形式不断创新，积累了宝贵的经验，在大学生端正就业观、提高就业能力方面发挥了重要作用。

　　在全社会就业压力较大的形势下，要想解决大学生高质量就业、提高大学生的就业率，除发展经济、落实就业政策以及提高人才培养质量外，也需要加大大学生就业观与就业能力的培养力度，结合大学生的思想特点，全面发展学生各方面的素质，提高大学生的竞争优势。《大学生就业观与就业能力指导》正是一本帮助大学生正确认识就业观与就业能力关系的书籍。同时，本书也可以为从事大学生就业指导工作的高校教育工作者提供一些借鉴和指导，以帮助他们更好地了解大学生就业的现状、就业观与就业能力的培养要点和技巧等。

　　本书聚焦于"大学生就业观"与"大学生就业能力"两大核心主题，共九章内容。第一章：绪论，从大学生就业观与就业能力的研究意义和常见的研究方法入手。第二章：就业形势与政策，分为五个部分，从就业形势、就业政策、就业前景、大学生就业存在的问题和食品类专业毕业生就业现状展开。第三章：当代大学生就业观与就业能力的实证分析，通过发放调查问卷，收集第一手数据，利用统计分析软件 AMOS 对理论模型进行拟合，与此同时，对食品类专业学生的调查数据进行分析。第四章：大学生就业观，从就业观的概念、影响因素、特点、已有研究、存在的问题及具体路径进行详细分析。第五章：大学生就业能力，对就业能力的概念、影响因素、特点、已有研究、存在的问题及具体路径进行剖析。第六章：大学生就业能力的培养，主要阐述解决问题的能力、专业技能、沟通表达能力、信息检索能力等十个能力的重要性和培养问题。第七章：合理规划大学生活，从合理规划大学生活的重要性、正确认识就业环境、确定就业目标和做好规划方面展开，对合理规划大学生活提出建议。第八章：新时代高校辅导员在大学生就业中发挥的作用，重点对高校辅导员开展就业指导工作的重要性、不足、发挥的作用及具体路径进行了讨论，为高校辅导员做好大学生就业指导工作提供借鉴和参考。第九章：实践指导案例，本书通过分析五个就业案例，深入剖析了大学生在就业中存在的问题，并提出相应的解决对策。

本书在撰写过程中，重点对食品类相关专业学生的就业现状进行了分析，开展深度访谈和发放调查问卷，已有研究成果能够对食品类相关专业学生的就业提供参考，促进高质量就业，提高食品学科的人才培养质量。

本书是北京市教育科学"十四五"规划 2023 年度一般课题"新环境下首都大学生就业能力提升的策略研究"（课题批准号：CEDB23432）的阶段性成果，在撰写过程中，得到了很多相关领域专家、领导和老师的帮助和支持。本书能够顺利出版，要感谢市属高校分类发展—食品一流学科攀登—食品营养与健康国家级平台建设（项目代码：19002022045）和中国乡村振兴研究月度专刊（项目代码：19000731658）的资助。我希望每一位阅读本书的高校教育工作者和大学生都能够有所收获，并衷心地祝愿每一位高校毕业生都能够顺利走向职场，拥有一个美好的未来！

李文静

2023 年 11 月

目　录

第一章　绪论

党的二十大报告指出："必须坚持在发展中保障和改善民生，鼓励共同奋斗创造美好生活，不断实现人民对美好生活的向往……就业是最基本的民生。强化就业优先政策，健全就业促进机制，促进高质量充分就业。"[1] 党的十八大以来，以习近平同志为核心的党中央高度重视新时代大学生就业工作，高校是做好大学生创新创业工作的重要阵地，就业观念是大学生就业中的关键问题，转变大学生就业观念，是解决好就业问题的钥匙。习近平总书记指出："青年的人生目标会有不同，职业选择也有差异，但只有把自己的小我融入祖国的大我、人民的大我之中，与时代同步伐、与人民共命运，才能更好实现人生价值、升华人生境界。"[2] 大学生作为新时代的逐梦人，要坚持学习宣传贯彻习近平新时代中国特色社会主义思想，志存高远，敢于担当，勇于奋斗，在新时代新征程上，练就过硬本领，肩负起新时代青年的使命与担当。抓好就业工作，是保障和改善民生的重要内容。大学生就业，既关系家庭幸福，又关系国家长远发展和社会和谐稳定。《教育部关于做好 2022 届全国普通高等学校毕业生就业创业工作的通知》指出："高校要把就业教育、就业引导全面纳入大学生思想政治教育体系……引导毕业生树立正确的职业观、就业观和择业观。"[3] 衡量大学生就业状况的重要指标是就业质量与就业率，这两者与大学生就业观和就业能力有着密切的关联，大学生就业观和就业能力作为大学生就业的核心内容，在大学生就业中发挥着至关重要的作用。

第一节 大学生就业观与就业能力的研究意义

一、理论意义

（1）丰富大学生就业观与就业能力的时代内涵。习近平总书记强调，就业是最大的民生工程、民心工程、根基工程，是社会稳定的重要保障，必须抓紧抓实抓好。就业的主体是青年，高校毕业生更是其中的重中之重。大学生就业观与就业能力的发展与时代的发展变化是分不开的，不同时期的大学生就业观与就业能力的特点也存在着明显的区别。习近平总书记在 2018 年到北京大学考察时指出："每个时代都有每个时代的精神，每个时代都有每个时代的价值观念。"就业是大学生从高校毕业后迈入社会的关键一步，大学生就业观与就业能力印刻着鲜明的时代特征，与当前的时代环境相融合，与国家需要解决的时代问题相适应。正确的就业观无论是对大学生本人还是对社会都发挥着不可忽视的作用，与此同时，提高大学生就业能力能够指导大学生进行正确的择业。党的十八大以来，习近平总书记从党和国家事业发展全局的高度，围绕"培养什么人、怎样培养人、为谁培养人"这一教育的根本性问题，就全面加强党对教育工作的领导、坚持立德树人发表了一系列重要论述。新的时代背景不断拓宽新的就业领域，也为大学生就业群体的发展提供了新方向和新机遇，立足新的发展阶段，紧紧围绕新的发展目标，面对新的发展要求，帮助大学生适应时代需求，端正就业观，提高就业能力，引导大学生自觉把自身成长与祖国的发展紧密联系在一起（张秀静和苏凌峰，2021）[4]。深入了解大学生就业的思想动态，是辅导员落实立德树人根本任务的关键，是加强就业工作思政育人的使命，更是高校守好人才培养"最后一公里"的关键环节。

（2）培育大学生树立正确的就业观和就业能力。党中央、国务院高度重视大学生就业工作，端正就业观和提高就业能力是高校思想政治教育的重要目标，也是实现立德树人根本任务的重要落脚点。新时代大学生关注自我、特立独行，逐渐成为职场中的主力军。同时社会提供的就业岗位逐年增加，2022 年，全国普通高校毕业生规模达到 1076 万人，但"招人难"的现象依然存在，新时代大学生有业不就的突出现实问题亟须解决。大学生就业是大学生毕业后的头等大事，关系到家庭的幸福、社会的稳定和经济的发展，解决好大学生就业问题，高校毕业生的基本生活才能够得以保障。大学生就业观是大学生自身的世界观、人生观和价值观在就业问题上的综合反映，是大学生对就业意愿和就业目的的稳定想法和观点。大学生就业能力是为适应就业市场而发展出来的，不仅指大学生毕业后初次就业所需的能力和个人特质，还指大学生建立良好的职业生涯、有意义地参与社会生活所需的个人特质和各项能力（苏贵，2022）[5]。正确的就业观和就业能力是大学生走上社会参加就业的重要法宝，当前的高等教育过于强调理论知识的重要性，忽视了实践，大学生普遍缺乏社会实践能力。因此，研究就业观与就业能力的关系具有举足轻重的作用，从学校教育的视角进行探究，从而使大学生树立正确的就业观和提高就业能力。

（3）拓展大学生就业观与就业能力的研究视野。新时代大学生就业观与就业能力内涵丰富，涉及就业认知、就业态度、就业环境、学科理解力、沟通能力等，是一个跨学科的研究课题，可以在教育学、政治学、社会学、统计学、传播学等不同学科视角下探讨，呈现出鲜明的学科交叉性。当前关于大学生就业观与就业能力的研究主要集中在单一方面，学界主要的研究方向在大学生就业观、大学生就业能力的现状、价值意蕴、影响因素、存在的困境、实现路径和提升策略等方面。有关大学生就业观与就业能力的研究较少，研究视角有待创新，与就业或人文社会科学相关的理论结合较少，缺少理论支撑，理论深度也有待挖掘。另外，在研究方法上，主要以定性研究或定量研究为主，定性研究主要以扎根理论为主；定量研究主要使用统计分析软件 SPSS，通过调查进行数据的收集和整理，利用 SPSS 进行数据检验。统计分析的结果多为基于实践调查的描述性统计分析，在变量量表应用等方面还需进一步提升。当前，大兴调查研究之风，对大学生就业观与就业能力的研究应结合工作实践进行深入探讨，以定性和定量方法相结合的方式进行研究，使研究成果更有针对性和说服力，在此基础上，提出的路径和策略才会更有意义。综合运用各相关学科的研究方法，对就业观与就业能力的形成规律、影响因素及教育引导进行深入剖析，实现不同学科间的有效融合，对大学生就业观的培养与就业能力的提高有着重要的作用（李颖，2021）[6]。

二、实践意义

（1）助力辅导员等一线教育工作者深入了解大学生的就业思想动态，提供借鉴思路。当前，大学生就业存在"躺平"、有业不就等现象，专业不匹配、职业能力不足的现象较为普遍，端正大学生就业观和提高大学生就业能力逐渐成为国家高度重视的民生工程。辅导员等一线教育工作者作为与大学生接触最多的群体，对大学生的思想动态了解最多，能够充分结合实践现状，开展以大学生群体为样本的调查研究。有关大学生就业观与就业能力的研究能够为大学生树立正确的价值观、提升就业能力提供借鉴和参考，还为大学生毕业后走上社会奠定良好的就业基础。通过充分研究大学生就业观与就业能力的相关关系，高校教育工作者充分了解大学生的思想动态和就业能力现状，因材施教，从科学就业观与就业能力培育的角度出发，引导大学生充分认清就业形势，树立良好、积极的就业心态，转变就业观念，摒弃有业不就或好高骛远的错误心理，积极引导大学生在激烈的社会竞争中，做好自己的职业规划，获得一份良好的职业，将个人发展与时代进步相结合。与此同时，大学生就业观与就业能力关系的研究成果可以为辅导员等一线教育工作者提供参考和借鉴，从学校教育的视角充分考虑到大学生在不同时间段的个性特点和发展规律，结合阶梯式思想政治教育，从职业生涯规划、大学生就业指导、学科竞赛等角度为培育德智体美劳全面发展的时代新人做好思想政治教育的设计和规划工作，能让大学生在走向社会前树立正确的就业价值观和提高就业能力，助力大学生顺利就业。

（2）推动大学生就业教育在实践领域的不断深化，提高实效性。大学生就业教育涉及的方面较广泛，包括大学生就业观、就业能力、就业意愿、就业满意度、就业偏好、高质量充分就业等，衡量大学生就业的两个重要指标是大学生高质量就业和就业率。归根结底，大学生就业教育的问题离不开大学生就业观和就业能力，二者是研究大学生就业问题的核心议题，是高校助力大学生就业的关键。对大学生就业观与就业能力展开系统化的研究，可以使大学生清晰地认识到新时代的就业现状和人才市场需求，明确自身定位。高校教育工作者通过举办宣讲会、就业引领论坛、简历制作竞赛、双选会等形式多样的就业教育活动，引导大学生了解就业政策和就业形势，在参与就业教育活动中进一步明确未来的就业方向，并通过与就业辅导员不断地面对面沟通交流修正和完善就业方向，从而在大学阶段就能够明确自身定位，找准方向，并为自己未来的发展不断努力和奋斗。与此同时，高校教育工作者立足于新时代大学生的特点，因事而化、因时而进、因势而新，将理论与实践相结合，采用多学科融合的研究方法，深入探讨大学生就业观与就业能力的关系。通过深度访谈、发放调查问卷的形式开展调查研究，使调查结果更有针对性和说服力，在此基础上，针对就业观与就业能力的相关关系提出有针对性的策略，这是探索大学生就业与思想政治教育协同育人的有效举措，具有较强的实践价值。

（3）促进大学生顺利就业，提高就业率。为加快推动就业工作进程，确保毕业生在离校前后就业局势的稳定，多措并举攻坚就业工作，创新性开拓更多市场化岗位，做实做细就业指导服务。为促进大学生顺利就业，找到满意的工作，走入社会历练自己，在大学生在读期间开展简历诊断、专业宣讲等活动，邀请企业资深的 HR 入校做就业面试着装、技巧等多方面的培训，提前让在校生了解就业的相关要求，使大学生在就读期间有的放矢地做好准备工作。根据大学生的个性特点，设立有针对性的"大学生就业能力提升营"，让大学生在走上工作岗位前具备各种就业能力，为未来的就业做好铺垫。2022 年，《人力资源社会保障部　教育部　科技部　工业和信息化部等十部门关于实施百万就业见习岗位募集计划的通知》印发，部署启动实施百万就业见习岗位募集计划，进一步推动就业见习工作的开展，帮助高校毕业生等青年提升就业能力。大学生正确就业观的树立和就业能力的提高，是政府有关部门、社会各方面力量共同努力的结果，因此，深入探讨大学生就业观和就业能力的关系，可以从政府、学校、家庭、社会等不同的角度提出大学生树立正确价值观和提高就业能力的具体路径，做到大学生就业指导工作的精细化和针对性。高校毕业生调整好自身预期，努力把基层一线的工作变成"蓝海"，进入高度市场化的人力资源市场变成求职者，转变就业观念。生产一线的待遇、吸引力逐年增加，这一领域也有更广阔的发展空间。大学生顺利走出校园，找到心仪的工作，是良好就业观和就业能力的一种体现。同时，高校就业率的提升，可以反映高校教育工作者思想政治教育工作的成效。

（4）缓解大学生就业矛盾，提升就业稳定性。当前，高校毕业生的总量呈现逐年上升的趋势，尽管国家出台了一系列的就业政策，在拓展岗位需求上提供了很多帮助，但还是存在部分企业主渠道招聘意愿不强的情况，再加上毕业生对就业方向把握不好，导致就业意愿不强，使各方面的矛盾不断地凸显出来。在新时代背景下，通过实证研究大学生就业观与就业能力的相关关系，可以使大学生端正就业观，提升就业能力。从学校教育的视角让大学生充分了解到社会就业中的供求关系，在具备各项能力的同时，能够找准位置，充分认识到自身的优势和劣势，助力他们的就业，最大限度地使他们顺利就业、稳定就业。高校毕业生就业能力与市场需求存在不匹配的现象。高校在人才培养中与社会需求匹配度较低，高校教育更侧重于理论知识，对实践的重视程度有待提升，学术型、研究型人才偏多，应用性、技能性人才稀缺，社会对学术型人才的需求是有限的，更需要实践能力强的技术人才，技术人才短缺也为用人单位的招工带来了一定的困难。很多高校毕业生在就业中存在"高不成、低不就"的现象，就业的结构性矛盾日益突出。因此，对大学生就业观与就业能力的研究在未来的实践中具有重要的作用。在研究中，充分结合当前就业中存在的就业矛盾、不稳定性等问题进行影响机制的分析，结合实践剖析深层次的原因，高校、家庭、社会等多方面发力，在日常的就业指导工作中注意端正大学生的就业观和提高就业能力，以实证研究结果为参考，提出相应的对策，在根源上缓解大学生就业矛盾，提升大学生就业的稳定性。

第二节　常见的研究方法

　　学界对大学生就业观、就业能力的研究主要运用文献研究法、定性研究法、深度访谈法、问卷调查法、结构方程模型分析法（SEM）等方法，充分结合新时代大学生的特点，从不同角度展开研究，为相关学者的深入研究奠定了坚实的基础。

一、文献研究法

　　文献研究法主要是指对已有研究进行收集、整理，并通过对文献的研究形成对事实的科学认识的方法（崔思维，2022）[7]。文献研究法是一种相对全面、富有生命力的研究方法，是一种超越时空和时间限制的研究方法，通过相关文献收集的渠道就可以对古今中外的研究文献进行下载和整理，省时省力，比较方便且容易完成。文献研究方法是一种基于书面分析的调查研究方法，属于静态研究方法。与此同时，它是一种间接的研究方法，研究者通过收集已有学者的研究文献，进行阅读归纳整理，提炼出已有研究的代表性观点，完成已有研究的梳理工作。文献研究法还是一种方便、自由、安全的研究方法，受外界的约束性条件较少，能够随时进行整理分析，选择需要的研究方向。其过程是可逆的，一旦研究中出现问题，就可以返回重新阅读文献，整理已有观点，对已有文献进行分类整理、归纳总结。可以通过图书馆、档案馆、学术机构、学术会议、网络等多种渠道收集研究文献。当前，很多学者聚焦某一领域，对该领域内的已有研究文献进行总结分析，开展研究述评，形成具有影响力的研究综述。同时，还有学者借助分析软件 CiteSpace 展开文献统计分析，利用关键词检索，将选定的文献以 Ref-works 格式导出，使用可视化软件 CiteSpace 对文本数据进行格式转换和可视化分析，绘制出科学知识图谱。目前在大学生就业教育研究领域已存在一些高质量的研究述评，为未来展开深入研究提供了方向。

二、定性研究法

定性研究法是一种简单的研究方法，它将已有的现象、规律和理论通过理解与验证，叙述并解释出来。它是对各种理论的一般描述，更多的是解释别人的论证，这在科学研究中也是必不可少的。它能定向地提出问题，揭示弊端，描述现象，介绍经验，对普及工作是非常有利的。当然，它的实例也有很多，有带揭示性的多种情况的调查、对实际问题的说明，也有对某些现状的看法等（孙勇，2018）[8]。定性研究法中最常见的方法有扎根理论研究法，扎根理论研究法是由哥伦比亚大学的 AnselmStrauss 和 BarneyGlaser 两位学者共同提出的一种研究方法，是运用系统化的程序，针对某一现象来发展并归纳式地引导出扎根的理论的一种定性研究方法（苗佳，2015；周姗姗等，2017）[9][10]。与常用的实证研究方法不同的是，扎根理论研究法在研究者使用前是没有理论假设的，而是通过实际观察、深度访谈等多种形式了解所需研究问题的情况，基于已经掌握的原始资料进行归纳总结和概括，在总结中逐渐上升到理论高度，也就是说从概念之间的相互联系中建构相关的理论。扎根理论研究法特别强调从资料中提升理论，认为只有通过对资料的深入分析，才能逐步形成理论框架。扎根理论研究方法是一个归纳的过程，从下往上将资料不断地进行浓缩（时高畅和苏立宁，2023）[11]。扎根理论研究法不是对研究者事先设定的假设进行逻辑推演，而是从已有的资料入手进行归纳总结与分析（秦静怡等，2022）[12]。运用扎根理论研究方法归纳提出的理论一定要有理有据，能够追溯到原始资料，是真实存在并具有说理性的，这种推理方法需要研究资料的翔实性和真实性，这样运用扎根理论研究方法归纳出的理论才能够被学者广泛采用。

三、深度访谈法

深度访谈是一种无结构化的、直接的访谈。深度访谈法是通过深度访谈进行自由聊天的模式，针对一些不太好直接获取答案的问题，通过聊天沟通的方式能够获得被访谈者的理解。深度访谈一般是通过面对面的形式展开，但也可以采用电话访谈的方式。深度访谈的优点是可以得到问卷法难以得到的深入的资料，主要缺点是太费时、成本大，以致样本数有限（李怀祖，2021）[13]。深度访谈法可以与问卷法结合在一起使用，能够提高样本收集的效率。深度访谈法比较灵活，但是对访谈者的语言、语气、用词、沟通环境的营造等要求较高，深度访谈中不会给被访谈者提供答案选项，资料收集靠访谈者与被访谈者的沟通。此方法尤其适用于不具备很多答案选项的问题，但是在访谈中，访谈者务必注意不要对被访谈者进行引导，引导被访谈者会导致访谈内容的不准确，使调查研究缺乏研究意义。当然，访谈者在与被访谈者面对面的沟通交流中，可以把研究目的和要求解释得更清楚些，在一定的氛围内，可以适当地提出附加问题，答案也就更精确了。沟通是一门艺术，在访谈者开展深度访谈中，尤其要注意进行有效的沟通，访谈者给被访谈者的第一印象也很重要，往往在正式提问前，要有一段沟通的时间，沟通务必保持融洽，为进一步的深度访谈奠定基础。与此同时，访谈者在与被访谈者的沟通中，往往会遇到被访谈者对问题的理解不正确，或者在第一遍提问时就没听明白的情形，这个时候就考验访谈者的随机应变能力了，换一个问题或是换一种说法进行提问。在沟通交流的过程中，务必注意要避免因语言或者肢体动作引起被访谈者的不满，访谈者更要做好自己的表情管理。在深度访谈中，访谈者一般采用速记的方式，建议在征得被访谈者同意后，对谈话内容进行录音，在深度访谈结束后，第一时间对访谈内容进行整理留存备用。

四、问卷调查法

问卷调查法是一种收集数据的研究方法，当前在学术研究领域的应用比较广泛，但是很多学者并未注意到问卷调查法的使用规则和注意事项，认为编写好调查问卷就可以向公众发放，或者有张问卷就可以通过收集好的数据进行实证研究，从而忽略了问卷的质量。很多时候，问卷发放完收集起来后，无法用于数据分析，反而是做了无用功。对于学者来说，要想运用好问卷调查法，最重要的是学会问卷调查法的构建规则和技能。与深度访谈法相比，问卷调查法的优点是费时少、成本低、样本量较大，特别是在互联网技术环境下，通过网络进行问卷发放比较方便快捷、省时省力。

在设计和发放问卷前，先要弄清楚设计问卷的初衷和目的，此时需要研究者有逆向思维，明确要研究的问题和需要验证的假设，找到能够验证假设的变量。通过构建理论模型的方式，对变量进行解析，形成需要发放的调查问卷。在发放问卷的过程中，要注意发放的对象，调查问卷只有发放给正确的调查对象才有研究意义，但也要看调查对象是否愿意配合填写调查问卷，如果有些调查对象对课题没有兴趣，也不能够认真配合完成问卷，就不要给此类调查对象发放问卷，这样也能够在一定程度上保证问卷的质量。

调查问卷通常包括封面、指导语、问题及答案、致谢等。封面主要包括自我介绍、项目情况等，具体对研究项目的意义进行实际说明，并告知调查对象此项调查只作学术研究所用，不会公开调查对象的任何隐私。指导语是向被调查对象说明如何正确填答调查问卷，也可以就问卷的填答给出示例。问题及答案在设计上可分为开放式和封闭式两种，一般问卷中开放式问题设计 1~2 道题为宜，太多的开放式问题会给研究者带来统计上的麻烦，费时费力，也不一定能够得到想要的结果。封闭式问题一般是给出一道题，附带若干个答案，被调查者根据理解进行选择，这样的问题统计起来比较容易。调查问卷在设计上要注意不能带有倾向性，否则容易误导被调查者，在用词上要保持中性。不要给被调查者一些未经确认的前提假设，要进行问题的过渡，而不是直截了当地问，否则会妨碍被调查者的选择。与此同时，封闭式问题不能提难以真实回答的问题，不利于后续的深入分析。

常用的统计分析软件 SPSS 经常与问卷调查法一起被使用，通过调查问卷法收集数据，利用已有的数据进行实证研究，分析数据的可靠性，考察变量之间的相关性和因果关系，对研究课题进行深入分析。

五、结构方程模型分析法（SEM）

结构方程模型分析法（SEM）是当代行为与社会领域量化研究的重要统计方法，它融合了传统多变量统计分析中的"因素分析"与"线性模型之回归分析"的统计技术，针对各种因果模型可以进行模型辨识、估计与验证（余耀东和冉光圭，2010；徐天舒和朱天一，2016；李素峰和严良，2019）[14-16]。在量化研究中，越来越多的研究者使用结构方程模型分析法（SEM）进行各种测量模型或假设模型图的验证，结构方程模型分析法（SEM）逐渐成为数据分析的一个重要方法（吴明隆，2014）[17]。当前，常用的统计软件有 LIAREL 与 AMOS。AMOS 与 SPSS 统计分析软件的数据文件互通，绘制较简单，且能够验证各式各样的测量模型、不同的路径分析模型。此外，还可以进行多群组分析、结构平均数的检验等，操作界面简单、输出的数据解读起来比较简易，大多数学者在利用结构方程模型分析法时选用这两个统计软件包。

第二章 就业形势与政策

党的二十大报告强调："就业是最基本的民生。强化就业优先政策，健全就业促进机制，促进高质量充分就业。"近年来，在经济双循环发展、智能化、数智化的新环境背景下，大学生就业存在专业不匹配、职业能力不足等问题，引导大学生树立科学的就业观和提高就业能力逐渐成为国家高度重视的民生工程。

第一节　就业形势

当前，中国高校毕业生数量在逐年上升，大学生面临严峻的就业形势，大学毕业生的就业遇到了前所未有的挑战。

一、就业呈现多元化趋势

2023 年毕业生数量再创历史新高，就业形势仍然相当严峻。在"招工难"和"就业难"的就业结构性矛盾中，不少大学毕业生选择另辟蹊径，走出了不一样的就业道路。灵活就业成为当今大学毕业生的主要就业选择。从事网络主播、成立个人工作室、当博主、经营淘宝店等成为很多大学生毕业后的选择，他们不再拘泥于考事业编、公务员。同时，互联网、人工智能的迅速发展，为大学毕业生的发展提供了更多的机会，越来越多的年轻人抓住信息技术时代带来的发展机会，勇敢地在不同的新兴领域闯荡。灵活就业造就了更多的"斜杠青年"，他们不断追求自由、梦想，不求稳定性的、专一的工作，向往多样化的工作和多重身份。在物质多样化、精神生活丰富多彩的情况下，大学生的就业观念也呈现出个性化。在当前的就业形势下，灵活就业的方式越来越多样化，在就业形式、工作时间等多方面存在差异，差异化的体现也为大学毕业生提供了更多的就业机会。

新时代大学生中，有更多的学生愿意走入基层、扎根基层，依托专业知识"反哺"基层，用实际行动服务基层，在更大的舞台上建功立业。新时代大学生个性特点鲜明，服务基层的大学生肩负起服务社会的重要责任。这类学生受学校教育和家庭教育等多重影响，坚定自己内心的想法，坚持初心，以实际行动回报家乡和社会。在就业形势多元化的情况下，再加上社会环境不断变化，很多坚定读研的学生一直在努力备考，考研失利后，大部分学生会选择继续考研，准备"二战"，在准备"二战"的过程中，大多数人选择在家待就业备考。在待就业阶段，尽管辅导员、班主任多次做工作，但是有些学生还是坚定地选择在家"二战"，不准备就业，这部分学生很多时候不是面临就业难的问题，而是受价值观念、自身想法等影响，需要家校合力去正确地引导学生择业。在就业多元化的情况下，学校更应该注重对毕业生的教育引导，让学生都能够在就业中行动起来，不做"躺平"的一代。

二、毕业生就业结构失衡，供给与需求矛盾突出

就业是民生之本。就业政策和法规的变化，会给就业市场带来一定的影响，同时，会使毕业生的就业形势产生变化，就业政策和法规能够为毕业生就业提供帮助。相关就业政策和法规的出台与修改，也是国家高度重视大学生就业的表现，大学生顺利就业能够体现高校思想政治教育工作和就业工作的成效，是促进社会稳定的关键性因素。随着高等院校的扩招，高校毕业生越来越多，使大学生就业产生结构性失衡，很多专业的毕业生较多，但社会上的就业岗位需求有限，导致供给和需求不一致。在未来的招生中，高校应充分考虑招生和就业的匹配度，缓解结构性失衡问题，促进大学生顺利就业、高质量就业，切实提高大学生就业率。

当前，社会上大量的毕业生其自身就业技能与市场需求不匹配，在企业招聘过程中，往往更看重应聘者的实际能力和经验，而非理论知识。然而，一些毕业生在求职过程中，由于缺乏实践经验和职业技能，导致其能力与企业需求不匹配，从而难以找到合适的工作。一方面，食品专业的毕业生在抱怨毕业时找不到对口的工作；另一方面，还有部分用人单位苦于找不到合适的食品类毕业生，供需矛盾突出（李京丽，2017）[18]。尽管很多高校毕业生在找工作前就已经了解招聘市场的需求和职业技能要求，但还是存在就业观、就业能力等与就业市场需求

不匹配的问题，针对当前存在的问题，可以加强就业技能培训，学校和政府加大对就业技能培训的投入，帮助毕业生掌握实用的就业技能，提高毕业生的核心就业能力。为高校毕业生提供更多的实践机会，让毕业生在接触工作中积累经验，提高自身实践能力。提高自身素质和能力，毕业生树立自我提升的意识，通过自学、参加培训等方式，提高自身能力和技能。与此同时，就业市场的变化也是导致就业结构失衡、供给与需求矛盾突出的一大因素。人工智能技术、互联网等的迅速发展，为毕业生带来新的就业机会，但是依然存在岗位不匹配、供求矛盾失衡的情况，这也是当前高校人才培养亟待解决的问题。

三、受外部环境影响，就业高峰持续时间长

在产业转型、城乡区域关系变化、技术进步等因素的共同作用下，就业问题出现新变化、呈现新特点。高校毕业生就业竞争压力较大，随着高校毕业生数量持续增加，就业市场竞争日趋激烈，热门行业（人工智能、金融等）和热门职位（包括政府部门、事业单位、国有企业等）吸引了更多求职者，使毕业生需要面临更大的竞争压力，争夺有限的就业机会。随着高校招生规模的不断扩大，高等教育已步入大众化，大学毕业生的就业高峰与社会人员的就业高峰呈现出重叠趋势，因此，大学毕业生的就业压力也就凸显出来，就业高峰的持续时间长。对于一些就业观念比较落后、就业意识较差的大学毕业生来说，就业的战线拉长、难度增加。随着就业高峰持续时间的增长，大学毕业生找工作的标准也会随之改变，他们会和曾经的学弟学妹一起找工作，会有一种"卷"起来的感受，更多的时候，他们反而并不占优势。持续的时间越长，大学毕业生越应该有一种着急和压力感存在，督促自己更快地找到工作，将自己的就业高峰持续时间缩短。

2023 届高校毕业生就业压力增大，2023 届高校毕业生总规模达 1158 万人，在上届人数破千万的基础上，再增加 82 万人。与此同时，还有一定数量的往届高校毕业生、归国留学人员等群体进入劳动力市场，与 2023 届高校毕业生同步求职。同往届高校毕业生相比，2023 届高校毕业生更加看重春季的招聘，就业节奏比较特殊，集中求职期间，经济正处于恢复期，就业供需匹配难度有所加大（杜飞轮和魏国学，2023）[19]。随着高校毕业生人数的增加，不只给当年的毕业生就业带来了压力，也给之前毕业但还没确定工作的毕业生带来了很多压力，这一群人中很多人在面临应聘更难的情况时，反而会放轻松，出现"躺平"的现象，更多就业困难的人群涌现，为社会的经济、家庭的负担带来了更大的影响，

与此同时，也为高校的就业率带来了一定的影响。因此，高校教育工作者在大学生就业中应积极引导，做好学生就业工作中的领航者。

四、用人单位设置的各种条件较为严苛

随着高校招生规模的不断扩张，大学毕业生的规模也在不断地扩大，毕业生的人数呈现逐年上升的趋势。尽管国家出台各种政策，鼓励中小企业积极地进行招聘，为高校毕业生提供更多的就业岗位，但是在实践当中发现，高校毕业生的"供"依然大于就业单位的"需"，很多地区尤其突出。为了招到更优秀的就业人员，很多招聘单位在招聘条件上"做文章"，有基层工作经验、学校为"双一流"、当过学生干部、户籍等均成为招聘单位的"硬核条件"，这也给高校开展大学毕业生的就业指导工作带来了一定的困难。较为"严苛"的条件给大学毕业生的就业带来了困难。从招聘的条件来看，像基层工作经验、"双一流"高校毕业生等对于部分求职者来说是无法满足的，高校教育工作者在人才就业培养、就业引导等方面确实存在一定的现实困难。

当前绝大多数的用人单位认为，自己确定的招聘条件并不苛刻，也不存在歧视的问题，只不过用人单位想招聘到理想中的员工。用人单位要想生存，就必须拥有优秀的员工，人才是第一资源，只有在人力资源上下足功夫，才能让员工为企业创造更多的价值。因此，面对用人单位严苛的招聘条件，高校毕业生一定要找准自己的定位，了解清楚用人单位的"真正需求"，看清用人单位的招聘心理，对症下药，打消用人单位对自己的顾虑。如果用人单位认为应聘者是个人才，也会在单位招聘的基础上相应降低标准，将应聘者招进单位。当然，毕业生在找工作时，更应该充分挖掘资源，利用自己的"关系网"，全方位多角度整合资源，让用人单位更好地了解自己，从而在招聘中脱颖而出，找到满意的工作。一些食品相关专业的毕业生在就业时，如果对相关的专有名词、仪器设备使用等并不熟悉，就更应该从自身找原因，不断地提升自身的专业素养。

第二节　就业政策

我国各大高校不断扩招，带来了大学毕业生数量的急剧增长，大学毕业生与

社会需求之间失去平衡，而与此同时，大学生给社会带来的价值来自社会、家庭和个人的不断投资，如果大学生的社会价值无法得到具体的体现，那么社会资源的浪费就会成为下一个较为严重的问题，给社会带来巨大的负面影响，也不利于社会经济的发展。基于此，国家各部门所制定的政策法规，在考虑大学生就业形势的同时，也应该考虑社会经济的长期发展。各部门应制定一系列政策法规来为大学生的就业提供支撑。

自 2006 年起，大学生到基层工作的理念就已得到国家的大力支持，同时，教育部也提出了相应的支持举措和计划。2007 年，国家将相关政策落实得更加具体化，通过一系列的加分政策、资金补助政策，鼓励大学生在基层工作。根据 2009 年《国务院办公厅关于加强普通高等学校毕业生就业工作的通知》，可以更加明确国家鼓励、支持、引导高校毕业生到条件相对较差的地区工作的决心。同时，国家鼓励和支持高校毕业生到中小企业和公有制企业工作，也强调支持和鼓励毕业生自主创业、灵活就业等。国家制定出配套的法律法规，涉及保险、人事劳动、财政税收、工商管理、金融信贷等多方面。经过数载的努力，我国现有的与大学生就业相关的规定基本包含了大学生在就业过程中遇到的各种困难，在很大程度上缓解了大学生的就业困境，在社会实践中取得了卓越的成效（祝李杨，2016）[20]。

积极就业政策的基本内容包括就业促进政策体系、就业扶持政策体系、社会保障政策体系和市场支持政策体系。从内涵上讲，就是扩大就业规模、改善就业结构、增进社会福利的就业政策，绝对或相对提高社会福利水平则是其最本质的特征，因此，这里将是否有利于提高社会福利水平作为判断就业政策积极与否的基本标准（黄华波，2002；英明和魏淑艳，2016）[21][22]。

一、就业促进政策体系

《国务院关于印发"十四五"就业促进规划的通知》提出，持续加强统一规范的人力资源市场体系建设，着力打造覆盖全民、贯穿全程、辐射全域、便捷高效的全方位公共就业服务体系，提升劳动力市场供需匹配效率。常见的就业促进政策有减税降费政策、就业补贴政策、职业培训政策、制度性就业保障政策、公共就业服务政策等。

（1）减税降费政策。大力推行减税降费政策，优化税制结构，给予经济困难地区、小微企业和创新型企业等多种税收优惠政策，缓解企业经营成本压力，增加企业招聘和用工的积极性。

（2）就业补贴政策。政府为创业者和新入职员工提供就业补贴，鼓励企业吸纳更多劳动力，扩大人员规模。

（3）职业培训政策。鼓励和支持有意愿、有能力参加职业技能培训的群体，给予一定补贴和机会，使其提高职业技能水平，更好地适应市场需求。

（4）制度性就业保障政策。建立完善的失业保险制度和最低工资制度，保护劳动者的合法权益，增加其就业安全感。

（5）公共就业服务政策。建立健全的公共就业服务体系，为个人提供职业咨询、职业介绍、职业培训、就业援助等各种服务，增强人才流动性和灵活性，提升就业质量。

各种就业促进政策对于推动经济发展、扩大就业和提升人民生活水平都起到了重要的作用。政府、社会应该持续加强就业促进政策的实施，为就业人员提供更多更好的就业机会和保障。

二、就业扶持政策体系

国家大力推进就业扶持政策的落地，建立完善的扶持政策体系，保障大学生就业的顺利推动，包括基层服务项目、放宽职称评定条件、优先选聘招录、基层就业奖补等。

（1）基层服务项目。鼓励高校毕业生到基层就业，继续组织实施"三支一扶"计划、农村教师特岗计划、大学生志愿服务西部计划等，合理确定项目规模。

（2）放宽职称评定条件。高校毕业生在中西部地区和边远地区县以下基层单位从事专业技术工作，申报相应职称时，可不参加职称外语考试或放宽外语成绩要求。对于到省会及省会以下城市的社会团体、基金会、民办非企业单位就业的高校毕业生，在专业技术职称评定方面享受与国有企事业单位同类人员同等的待遇。对于长期在边远地区和县以下单位工作的基层专业技术人员，申报专业技术职称时，除国家执业准入制度对学历及专业技术工作年限有明确要求的职称系列外，适当放宽学历和专业技术工作年限要求。

（3）优先选聘招录。对于有基层经历的高校毕业生，在研究生招录和事业单位选聘时优先录取，在地市以上党政机关考录公务员时进一步扩大招考录用的比例。2012年起，省级以上机关录用公务员，除部分特殊职位外，均从具有2年以上基层工作经历的人员中录用。边远地区乡镇招录公务员和事业单位招聘工作人员时，可适当降低考录招聘门槛。对于具有基层工作经历的高校毕业生，在研究生招录和事业单位选聘时优先录取。离校未就业的高校毕业生到见习基地参加见习或到企业、事业单位参与项目研究的经历，可视为公务员招考条件中的基层工作经历。对于具有参加基层项目经历的人员，其基层服务经历可视为基层工作经历。

（4）基层就业奖补。云南省对毕业3年内在省辖区内乡镇村企业就业，签订6个月以上劳动合同并按规定缴纳社保费且基层服务期满6个月的高校毕业生（从2022年1月1日起算），给予个人5000元的一次性基层就业奖补。关于基层就业奖补的政策，每个省市的要求不同，具体可从当地的相关网站查看政策要求。

三、社会保障政策体系

社会保障体系是为了保证人民的基本生活、提高社会保障水平而建立的，主要包括社会保障政策、社会福利政策、社会救助政策和社会优抚政策等。

（1）社会保险政策。社会保险政策是社会保障政策体系的核心，尽量覆盖到所有的社会成员。社会保险是其中的一种保障形式，能够覆盖到大多数人，其核心是用多数人的力量对少数人的风险进行分担，通过此种方式来解决劳动者的基本生活需求，促进社会的和谐稳定。在我国，社会保险政策包括生育社会保险、医疗社会保险、失业社会保险、工伤社会保险、养老社会保险五个部分（倪红刚和徐燕娜，2007）[23]。

（2）社会福利政策。社会福利政策的意义在于促进社会公平、合理分配社会资源，以提高人民的生活水平，让每一个人都享受基本的权利，促进社会和谐稳定发展，增加人民的获得感和幸福感。社会福利政策通常涉及社会保障、医疗保健、教育、就业、住房和环境保护等。

（3）社会救助政策。常见的社会救助政策包括最低生活保障、医疗救助、自然灾害救助、农村五保供养、临时救助等。最低生活保障是指国家对家庭人均收入低于当地政府公告的最低生活标准的人口给予一定现金资助，以保证该家庭成员基本生活所需的社会保障制度（孙月蓉，2022）[24]。医疗救助是指国家和社会针对那些没有经济能力治病的公民实施专门的帮助和支持（吴玉银，2015）[25]。自然灾害救助是指为保障因遭受自然灾害及其他特定灾害事件而陷入生活困难的公民的基本生活，各级政府和社会为受灾人员提供现金、实物或服务援助的一和社会救助方式。农村五养供保中的"五保"是保吃、保穿、保住、保医、保葬。临时救助是国家对遭遇突发事件、意外伤害、重大疾病或其他特殊原因导致基本生活陷入困境，其他社会救助制度暂时无法覆盖或救助之后基本生活暂时仍有严重困难的家庭或个人给予的应急性、过渡性的救助。

（4）社会优抚政策。国家和社会对有特殊贡献者及其家属提供褒扬和优惠性质的物质帮助，以保障其生活不低于当地一般生活水平的制度。社会优抚的主要特征有社会优抚的对象是法定特殊群体、社会优抚的直接责任主体是政府和社区组织、社会优抚具有褒扬性和优待性。

四、市场支持政策体系

对中小微企业的支持政策。政府从资金补贴、贷款融资、税收政策、权益保护等方面进一步减轻中小微企业的社会负担，助力中小微企业稳增长、调结构、强能力。通过对中小微企业的政策扶持，提供更多的机会和资源，发挥政策引导作用，完善中小微企业的服务体系，提高发展能力和竞争力。与此同时，在教育、孵化培训等方面给予支持，多方向发力。

提升社会的就业服务水平，就需要社会人士能够建设社会的就业服务中心，为大学生的就业提供对应的服务，为学生的就业提供重要支撑。提升社会的就业服务水平，还需要加强大学生就业指导服务中介的建设，通过提升大学生服务中介人员的综合能力来帮助大学生就业。因此，提升社会的就业服务水平十分重要（李俐，2016）[26]。

提升高校的就业指导水平。高校是大学生就业的起始点，也是大学生进入社会前最后的加油站。高校的就业指导对于大学生的就业起着关键的作用。高校要在开设大学生的就业指导课时，能够对学生的上课情况进行深入分析，主动转变教学模式，将提升学生的就业能力作为开设课程的重要目标。高校还需要加强与社会企业之间的联系，加强合作，达成合作机制。企业为高校的人才培养提供技术支持，高校能够为企业培养专业的技术人员。因此，提升高校的就业指导水平十分重要（王磊，2018）[27]。

第三节　就业前景

新形势下，我国政府实施了多项有利的政策来增加就业、提振经济，推动经济转型。大学生作为高学历群体，其就业及创业形势与国家的经济息息相关。为更好地促进就业政策的实施，为政策的修订提供有益的参考，当前环境下，有必要深刻分析大学生的就业前景，为大学生就业观和就业能力的分析奠定基础。

一、新兴产业需求大

随着大数据、人工智能技术的迅速发展，当前和未来的就业市场正呈现前所未有的机遇与挑战。随着人们生活水平的提高、消费观念的变革，一些新兴产业正逐渐崭露头角，引领着未来的市场趋势。与此同时，也为当代大学生的就业带来了更多的机会。大数据时代促使当前社会的生产结构发生了改变，这意味着社会中的职业发生了改变。一些传统的职业不再适用于当前社会，因此就会进行调整或被取缔。一些新兴职业纷纷出现，成为当前新兴产业链的热点。信息技术对当前社会发展产生了重要影响，从信息技术领域中延伸出更多的产业链，提供了更多、更新鲜的就业岗位，这无疑为大学生的就业和创业提供了方向（练飞，2017；景坤玉，2018；向中坤，2019）[28-30]。

新兴产业的不断发展，也使我国的社会结构发生了变化，大学生的创新创业也有了更多的选择和思路。从表面上看，各项就业创业门槛降低；但从深层次上看，大学生的发展标准提高，对大学生本身的就业创业能力提出了更高的要求。这也从侧面为高校人才的培养提供了方向和指导，引导高校优化自身课程结构，努力在大思政视域下，提高大学生各方面的素质，从而为社会培养出更高质量的人才（汪巍和万海颖，2020）[31]。

新兴产业的不断发展，对食品学科的人才培养和需求也提出了更高的要求。一方面，食品行业需要更多优质的专业人才。另一方面，越来越多的食品类专业的学生在毕业后并没有选择从事相关专业，流失率较高。因此，充分结合当前的就业形势，深入探析食品类专业毕业生的就业观与就业能力问题，对于食品相关专业毕业生的高质量充分就业有着重要的意义（王楠，2017）[32]。

二、就业形态多元化

面对严峻复杂的就业形势，各地各部门密切合作、集聚资源，通过精准掌握高校就业"基本盘"，全面提升人岗配备"精准度"，通过就业创业服务指导"全方位、全程化"等努力，助力高校毕业生高质量就业（赵婀娜，2021）[33]，保障毕业生"好就业、就好业"。自由职业等新兴就业类型日益增加，拓宽了毕业生的择业渠道。当前，高校毕业生在选择就业渠道时，不仅关注考研、就业、考公、考编、出国等渠道，更多的大学毕业生开始根据自身的专业优势、就业情况等多方面、全方位地考虑新兴的就业形态，如灵活就业、自由职业者、自由撰稿人、自由设计师等，就业形态变得越来越多元化。

中国社会科学院社会学研究所研究员朱迪表示，数字技术的革新带动了共享经济、线上经济的发展，云客服、短视频、在线教育等内容平台为灵活就业创造了条件，在时间、空间、形式上拓展了大学生择业的外延，丰富了供给端的就业岗位。互联网经济开辟的"新蓝海"正为有意投身灵活就业岗位的年轻人创造更多与之相匹配的岗位。

就业形态的多样化尽管为大学毕业生提供了更多的选择空间，也提供了可以缓冲的机会，但也为高校带来了困惑。部分自由职业者实际上并不是想选择一份自由职业或以灵活就业作为自己的就业方式，而是以此为借口进行就业的拖延，是进行考研"二战"或逃避就业的一种选择。在这种情况下，高校就业辅导员、班主任应多与学生进行深度沟通，尤其当学生在找工作中遇到困难时，一定要及时了解情况，弄清楚学生目前的状况，搞清楚学生找工作中遇到的难点，而不是一味地怀疑学生找工作的初衷，是俯下身子，真心实意地了解学生的处境，让大学生就业工作更有温度、更有情怀，使就业工作与思想政治教育工作充分融合，切实做到协同育人。

三、产业结构调整需求多元化

产业结构的优化促进产业不断升级，通过政策的不断引导和调节，消化产业调整可能带来的就业岗位减少的现象。当前，产业结构向高附加值、知识密集型方向转变，需要各类人才的共同参与。产业结构的调整，其核心还是人才的需求，只有具备人才资源，才能使各产业不断往前推进和发展。在产业结构不断调整的情况下，劳动者更要提高素质，学习和掌握基础知识，深入学习专业知识。

与此同时，社会需要全面发展的人才，大学毕业生应该紧跟时代的步伐，不断丰富自身的知识储备，对行业以外的知识也要广泛地涉猎学习。实际上，学习已经成为生存的必备技能，大学毕业生要养成终身学习的习惯，增加自己的才能，努力把自己培养成复合型人才。

当前，随着产业结构的多元化，越发需要大学毕业生具有创新能力，创新不是一味地学习书本上的知识或学习新的知识，更重要的是拥有适应社会发展的创新知识和能力，能够将所学知识应用到实践中去。大学生在走上工作岗位后，要牢固树立创新意识，在不断的思考中深化自身的想法，提高自身能力，躬身学习，将所学所思运用到实践中去，在实践中创新。

作为大学生，不仅要树立终身学习的意识，更要在平时的学习中注意积累和思考，能够主动将不同学科的知识融会贯通，将所学知识运用到不同的领域，学会利用逆向思维思考问题，在学习中带着问题去学习，将所学所思所想真正运用到实践当中去。当真正走入社会后，能够适应社会中不断调整的产业结构，做适应社会的精英人才，真正成为国家发展的中坚力量，在国家产业发展、经济发展中发挥青年力量。

四、就业环境持续优化

政府消除对高校毕业生供给与需求的政策抑制，建立全国统一的大学生就业市场，实施大学生自由就业制度，在全国范围内取消对大学毕业生（含高职毕业生）的户口指标限制、人事指标限制和各种各样显性或隐性的行政限制，打破大学生就业市场的行政分割，促进大学毕业生无障碍就业和自由流动，优化我国高素质人才的配置机制，提高资源配置效率（张玉，2012）[34]，维护就业市场稳定，持续优化就业环境，着力形成稳市场、稳就业的长效机制，促进经济增长。

当前，就业环境的持续优化不仅体现在国家政策的优化方面，更体现在就业形势、岗位等多方面的优化上。一是就业形势不断向好。当前服务需求不断释放，带动了就业不断向好。二是就业状况不断改善。大学毕业生在逐年增加，各行各业的人员需求也在逐渐增加，就业前景一片光明。三是高质量就业岗位逐年增加。国家坚持把促就业作为发展的优先目标，制定财政、货币、金融、产业等政策，将就业优先作为重要依据和政策效果评价标准；推动战略性新兴产业、先进制造业发展；实施重大投资项目时把对就业增长的影响分析作为必要条件，优先安排具有较好就业增长效应的公共投资（王阳，2023）[35]。四是校企合作，充分推动就业，保障基本民生。企业、高校等科研院所积极合作，深入探讨国家人才发展模式，制定人才培养方案，通过通力合作的方式，解难题答疑惑，打通政策落地的"最后一公里"。

把促进青年特别是高校毕业生就业创业摆在更加突出的位置，加强对青年群体的就业服务，深入开展职业教育产教融合赋能提升行动，持续推动公共职业技能培训提质扩面；落实落细各项服务，助力增强就业的适配性、稳定性（周人杰，2023）[36]。当前就业环境的优化，将会为大学毕业生就业带来更多的便利，也为大学毕业生提供了更多的就业机会，青年学子更应该抓住机会，施展自身的才华，为国家的各项发展贡献自己的力量。

第四节　大学生就业存在的问题

当前，国家出台了相关的就业支持政策，帮助高校大学生顺利走上就业岗位，适应就业岗位，在适合的工作岗位上作出应有的贡献。尽管国家在大学生就业方面出台了很多优惠政策，但是大学生就业依然存在一些亟待解决的问题。

一、大学生自我认知不足

大学生在就业当中的自我认知很重要，决定着找工作的方式、如何在找工作中端正就业观等。当前，部分大学生在找工作中不能够正确认识自我，容易被身边的环境所影响，导致在就业中存在迷茫的现象。

部分大学生对自我的正确认识不足，认为读了大学就可以"高人一等"，在就业的过程中非知名企业不去、非重要岗位不干，导致自身面临"高不成、低不就"的尴尬局面，不能正确认识自身学历、就业能力、就业环境等各方面的关系，就容易出现认知不到位的现象。同时，很多大学生在就业的过程中对自身的第一次就业非常重视，认为自己的第一份工作就能成为终生的选择，必须找一个自己满意的用人单位和岗位进行就业，使自身应届生的身份不白白浪费（温晋芳，2023）[37]。大学生在初次择业中，过度看重应届生身份，不能结合就业市场的实际去正视自己的能力，不能将自己的能力与用人单位所需进行适当的匹配，长此以往会导致认知失调，找不到满意的工作。很多高校毕业生倾向于选择公务员、到国有企业上班等，对一些三资企业、外企等的重视程度不足，这会使就业面变窄（温晋芳，2023）[37]。在找工作前，未能够有一个清晰的定位，不能全面考虑不同类型企业之间的利弊，导致可选择的余地较少，不能给自己创造更多的面试和选择的机会。由于认知存在问题，导致在找工作的过程中存在很多困难，在遇到困难时，不能正视问题和正确地解决问题。此外，还有部分高校毕业生为了找到好工作而选择伪造学历和大学经历，导致用人单位无法选取优秀人才，也使其他毕业生的就业机会被挤占，原因就是诚信问题。古往今来，诚信是中华民族的传统美德，在大学生找工作中，诚信也显得格外重要。

二、新兴技术的不断发展给大学生就业观念带来了冲击

互联网、人工智能等信息技术的发展，为大学生的就业搭建了全新的平台和提供了新的路径，高校大学生能便捷地获取就业信息，但纷繁复杂的网络信息使大学生对行业发展和专业发展趋势产生了盲目、焦虑或困惑等。互联网给大学生就业观念带来了一定的冲击。互联网成为信息集聚与分流的新场域，受到西方错误价值理念引导和不良自媒体的影响，部分大学生将目光集中在"网红"这类"高光"行业或者是其他高薪行业，果断放弃所修专业，从而忽视了自己的长远发展（王益彬和张莉，2022）[38]。互联网的迅速发展使大学生"慢就业"现象越来越严重。网络上负面的就业新闻传播较快，使大学生"慢就业"问题加剧，严重影响了大学生的就业观念，使部分大学生错过了良好的工作机会（吴雅桐，2023）[39]。

大学生就业观念是大学生就业的核心内容之一，直接决定着大学生未来会选择何种职业，对就业偏向起着决定性的作用。新兴技术的不断发展，为大学生就业带来机遇的同时也带来了挑战。在此情境下，大学毕业生更愿意选择灵活就业、自由职业，很多毕业生在没有弄清楚自己的就业意向时，容易随波逐流，看身边同学的目标用人单位是何种类型的，也开始去效仿，在找工作、投简历中并没有充分考虑自己的实际情况，只是一味地"随大溜"，忽略自身专业、喜好、就业前景等，受新兴技术发展、社会环境、身边环境等的影响，在找工作过程中处于被动状态。因此，端正就业观念对于高校大学生来说至关重要，是就业工作的重中之重，决定着找工作的态度，也与个人的就业前景、发展等密切相关。高校教育者应注重大学生就业观念的培养，从源头上端正大学生就业观念，从而为大学生未来的就业打下坚实的基础。

三、就业能力有待提升

大学生就业能力和就业观同样重要，高校在培养大学生就业能力时，需要多方向、全方位发力，着力提高大学生就业能力，只有培养学生适应工作岗位的就业能力，才能使其在就业岗位上得心应手，顺利处理各项工作。培养就业能力的前提是大学生要正确认识自身的能力，清楚地了解就业市场的需求。通过与相关行业的专业人士进行沟通、到企业实习等，清楚地了解就业市场的需求和理想的职业道路，这样可以帮助大学生调整他们的技能和知识以满足潜在雇主的要求。

当前，大学生就业能力方面存在的问题主要有好高骛远、不能清晰地认识自己的能力、未能及时收集招聘单位的相关信息等。大学生的好高骛远主要是不能清晰地认清自身的能力，在与人沟通、技术技能、领导技能等方面有所欠缺，不仅不能认识到自身的问题，还不能端正态度。由于意识不到能力的不足，导致其认为自己与目标岗位是匹配的，没有明确的方向，使其即使踮起脚尖也不能满足招聘企业的需求，更多的时候反而会带来挫折感。无论从事何种职业，沟通技能、写作技能等都是必不可少的技能，由于当前的大学生大都是"00后"，追求个性化，有更多的想法，在与人沟通交流方面可能会存在代沟，不能及时地融入到社会中去，需要逐渐地适应。此外，更多的时候需要家长或其他长辈的引导，这样他们才能够真正理解沟通的重要性。食品类学生毕业后大多选择直接就业，但对当前的就业形势、自身的就业能力了解得并不够，还需要通过实习实践的方式，充分认识走上就业岗位所需的各方面能力，助力自身的就业。大学生就业能力的培养与大学生自身、家庭、学校及社会的成长环境是分不开的，尤其是需要家校的配合，高校应该将大学生的就业能力培养作为一项重要的工作，为社会和国家培养更多优秀的人才，为社会注入源源不断的力量，让大学生能够顺利走上工作岗位，从事一份自己满意的工作，为社会的发展创造更多的价值。

四、创新创业师资力量缺失

在大学生就业能力的培养中，存在创新创业师资力量缺失的现象。教师作为高校创新创业教育培训活动的实施者和组织者，其自身创新创业能力和素质的高低对高校创新创业教育的质量有着决定性影响。通过分析高校创新创业教育现状，发现大多数高校负责创新创业教育的是留校任教的教师，其对外界环境的认知存在不足，大多数人是从校园到校园，并未经历到社会上找工作的过程，因此在讲课中可能会存在高校的创新创业教育内容具有片面性的问题，不能覆盖大多数情况。虽然大多数高校已经按照创新创业发展战略的要求开设了与创新创业相关的理论课程，但由于授课教师普遍存在着专业素养与实践经验不足的问题，制约了创新创业教学水平的提高（吴森，2023）[40]。与此同时，大学生就业能力的培养，没有顺应时代发展的需求，教师应合理运用多元化创新创业培训形式，丰富高校创新创业教育课程的内容。虽然绝大多数高校在开设创新创业课程时，通过建立新媒体平台的方式为广大大学生提供就业咨询专项服务，但是就当前高校创新创业教育培训成果来说，部分高校不仅未能改变传统的创新创业教育思想，而且针对大学生的就业推荐仍然倾向于企事业单位，在就业能力的培养中并未及时地覆盖每一类就业方式。这种过分强调岗位稳定性而忽略学生创业热情与进取精神的就业指导策略，既破坏了高校的创新创业教育环境，还挫伤了学生的创新创业积极性和主动性，对大学生创新创业能力培养效果的提升产生了不良的影响（许步亮，2021）[41]。因此，要解决大学生就业中存在的问题，需要重视创新创业教育师资的完备，人才是第一资源，一定要用好第一资源。

第五节 食品类专业毕业生就业现状

人们越来越关注食品安全，食品行业的快速发展为食品类专业毕业生带来了更多的就业机会，无论是从事研发、营养咨询还是从事质量控制，都可以充分发挥自身优势，为食品行业的发展贡献自身的力量。

一、就业岗位分布较窄

近年来，尽管食品行业的就业规模持续扩大，食品的种类也越来越多，但是就业岗位的分布依然较窄，毕业生可选择的专业对口的工作依然较少，相对于研究生毕业生来说，本科毕业生的选择更少。食品类专业学生毕业后大多从事食品质量安全检验、加工设备操作、食品销售等岗位，相对来说，用人单位的生产管理人员、研发人员等比较紧缺。从学历上来说，硕士研究生、博士研究生更适合从事研发工作，有一定的研究基础，具备创新能力，是用人单位重点挖掘的人才（姚静和陈玉，2016）[42]。食品领域的国家相关单位每年也会招聘应届毕业生，但是相对来说名额较少，需要毕业生具备一定的竞争力才能够脱颖而出。当前，面对就业岗位分布较窄的现状，国家已出台相关的政策，但是毕业生要想在激烈的竞争中脱颖而出，被用人单位看到，在找工作时还要调整好自己的心态，端正就业价值观，不断提高自身的就业能力，为走上就业岗位奠定良好的基础。

二、就业对口率较低

为深入调查食品类专业毕业生的就业现状，课题组成员查阅了大量的研究资料、就业质量报告，与多所市属高校负责就业工作的专项教师进行联系，当面了解情况。与此同时，对多名在校大学生进行深度访谈，到食品类相关用人单位进行实地走访调研，了解近几年招聘食品类相关专业毕业生的情况。经过了解发现，相当一部分学生在毕业后从事的是与自己专业对口的工作，如去食品类用人单位、微生物检测公司工作，但还有一部分学生选择从事与自己专业不相关的工作（辜萍萍等，2020）[43]。从人才培养层次来看，相对来说，食品类专业的研究生比本科生更好找工作，这与研究生的高层次人才培养有关。就这种就业情况来看，建议更多的食品类专业的本科生能够在大学期间做好职业规划，全面提高自身的就业能力，有机会就选择深造，提升自己的科研能力，为走入社会做好准备。

三、就业稳定性有待提高

食品类专业毕业生在初入社会时，从事的工作多为基层工作，如食品销售、加工设备操作等，有些工作实行倒班制，基层工作人员要进行换班，工作时间不固定，很多刚毕业的大学生不能够吃苦，导致流失比较严重。再加上一些中小型用人单位的各种奖励激励机制不健全，对就业人员没有很好的约束和激励作用，也没有全面的培训晋升制度或发展规划，导致毕业生的动力不足，在单位看不到未来，与自己的预期不一样。因此，在稳定性有待提高的情况下，很多毕业生会选择跳槽，看到机会时就从原单位辞职，甚至跳槽到与自己专业不对口的工作岗位上。

四、就业竞争力不强

食品类专业是一个学科交叉性强、应用性强的学科，较看重学生的实习实践能力，这也就要求学生在校期间要进行多学科的交叉学习，掌握扎实的专业知识，具备较高的科学素养和就业能力，能够在走上工作岗位后独当一面。从当前的就业形势来看，食品类专业学生在就业中竞争力不强，很大一部分原因是其自身各方面的能力有待提升，尤其是本科毕业生，竞争力相对较弱，还未学习过一些深入的专业知识，不能够更好地开展工作。因此，食品类专业毕业生要想在毕业时找到相对满意的工作，应该不断提升自己的综合能力，提高竞争优势。

第三章　当代大学生就业观与就业能力的实证分析

本书建立了当代大学生的就业观与就业能力的理论分析模型，通过发放问卷的形式进行一手资料的收集，利用 AMOS 软件对理论模型进行检验，在实证研究的基础上，提出具体的对策和建议。

第一节　理论模型构建

本书在韦颖（2017）[44]、马小静（2020）[45]、史秋衡和任可欣（2023）[46]等的研究基础上，提出了当代大学生的就业观与就业能力的研究模型，具体的研究模型如图 3-1 所示。

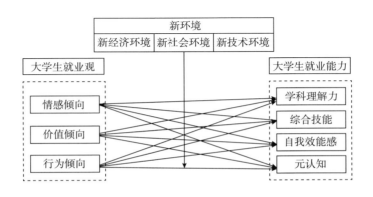

图 3-1　研究模型

第二节　实证研究设计

一、研究变量设计

本书采用李克特五点量表法，对研究中的 10 个变量进行了问卷设计，其中，1 表示非常不同意，5 表示非常同意（王勇和李文静，2016）[47]。问卷设计中涉及 10 个变量，其中，新环境通过新经济环境、新社会环境、新技术环境进行测量；大学生就业观（韦颖，2017；罗映梅，2013）[44][48] 通过情感倾向、价值倾向、行为倾向进行测量；大学生就业能力（史秋衡和任可欣，2023）[46] 通过对学科理解力、综合技能、自我效能感等进行测量。

二、相关数据的收集

在样本选择上，本书选择了北京某高校作为研究样本。该校位于北京，是北京市重点建设的高水平研究型大学，现已发展成为理、工、经、管、文、法、艺等学科相互支撑、协调发展的多科性大学，工科、文、理等专业均涉及，能够保证样本的多样性。同时，重点对食品类相关学科学生进行了深度访谈和问卷调查，助力食品学科的人才培养。

在变量定义的基础上，本书进一步设计了大学生就业现状调查问卷。每个变量都采用李克特五点量表的测量方式，了解不同专业背景大学生的就业现状。

为了保证样本调查群体的多样性及有效性，笔者在北京某高校有针对性地向在校大学生发放调查问卷，因为大一新生还在适应期，所以不在本次调查问卷的发放人员范围内。共计回收调查问卷 170 份，剔除了 24 份无效问卷后，回收有效问卷 146 份（王勇和李文静，2016）[49]，有效回收率为 85.88%。

第三节　实证分析结果

一、食品类专业学生问卷调查分析

本书是北京市教育科学"十四五"规划 2023 年度一般课题"新环境下首都大学生就业能力提升的策略研究"（课题批准号：CEDB23432）的阶段性成果，由衷地感谢市属高校分类发展—食品一流学科攀登—食品营养与健康国家级平台建设（项目代码：19002022045）和中国乡村振兴研究月度专刊（项目代码：19000731658）的资助。

通过对食品类专业学生进行深度访谈和问卷调查发现，大部分食品类专业学生都能够深刻认识到当前的就业形势，也能够对自身未来的就业有一个清晰的规划。从调查问卷的数据来看，93.02% 的学生看重未来的就业前景，88.37% 的学生认为就业能力很重要。从就业工作的稳定性上来看，97.67% 的学生觉得就业稳定性很重要。由此可以看出，食品类专业学生很关注未来就业工作的稳定性，这与食品类基层工作性质有一定的出入，作为高校教育工作者，在开展就业指导工作中应注重学生就业观念的培养，让学生在就业前能够对未来从事的对口工作有一个清晰的认知，尽快适应岗位需求。与此同时，本书对家庭经济困难的学生也进行了深度访谈，大部分学生想回家就业，一方面是想为家庭分担责任，另一方面是想反哺家乡，为乡村振兴贡献一份力量。

二、变量测量的信度分析

美国统计学家 Hair 指出，如果测量指标的数目少于 6 个，只要 Cronbach's α 系数大于 0.6 就说明数据是可靠的。本书的实证研究结果显示，相关变量的 Cronbach's α 系数均大于 0.6，说明各个变量都得到了较好的测量，符合内部一致性的信度要求。结果如表 3-1 所示。

表 3-1 变量衡量的信度检验结果

变量	衡量题项	Cronbach's α	变量	衡量题项	Cronbach's α
新经济环境	2	0.692	行为倾向	3	0.720
新社会环境	2	0.791	学科理解力	4	0.821
新技术环境	2	0.642	综合技能	5	0.869
情感倾向	3	0.762	自我效能感	3	0.775
价值倾向	3	0.718	元认知	3	0.759

三、理论模型及其修正

借助北京某高校在校大学生的就业现状的调查数据，本书进一步利用结构方程模型分析软件对理论模型进行了拟合。在此基础上，剔除了理论模型中不显著的路径关系，进一步对理论模型修正。具体的新时代大学生的就业现状的理论模型和修正模型拟合情况如表 3-2 所示。

表 3-2 理论模型的拟合程度及其修正

评价项目	理论模型	修正模型
卡方	371.178	56.809
自由度	52	25
P 值	0.000	0.000
GFI	0.815	0.937
AGFI	0.676	0.833
RMSEA	0.206	0.094

从表 3-2 中可以看出，原始理论模型的拟合程度并不是非常理想，但通过修正后，其拟合程度得到了明显的改善，模型的相对拟合指数（GFI）和调整后的均方根指数（RMSEA）等检验指标都已经达到较理想的标准，这表明修正后的模型可以更好地对数据进行拟合。

四、路径系数检验

在模型修正的基础上，本书进一步对修正后模型的路径系数进行了检验，具体的路径检验结果如表3-3所示。

表3-3　修正模型的路径系数检验

路径关系	理论模型			修正模型		
	路径系数	T值	P值	路径系数	T值	P值
新环境←→新环境与就业观交互项	−0.173	−1.280	−0.201	—	—	—
新环境←→就业观	0.063*	2.29	0.022	0.129***	3.464	0.000
就业观←→新环境与就业观交互项	−0.093	−1.512	0.131	1.134***	3.407	0.000
就业观→就业能力	1.563	1.764	0.078	0.795*	2.392	0.017
新环境→就业能力	−0.472	−0.940	0.347	—	—	—
就业观与新环境的交互项→就业能力	0.046	1.670	0.095	—	—	—
情感倾向→就业能力	2.709**	3.147	0.002	1.789***	4.905	0.000
行为倾向→就业能力	1.432**	2.776	0.006	0.669***	4.286	0.000
新经济环境→就业能力	0.803**	2.599	0.009	1.127***	4.698	0.000
新社会环境→就业能力	−0.335*	−2.290	0.022	0.665**	2.846	0.004
价值倾向与新经济环境交互项→就业能力	0.388***	7.070	0.000	0.282***	5.674	0.000
行为倾向与新技术环境交互项→就业能力	−4.735	−1.839	0.066	—	—	—

注：*表示p<0.05，**表示p<0.01，***表示p<0.001。

在大学生就业观对就业能力的影响研究模型中，加入调节变量新环境后，大学生就业观与就业能力显著正相关，情感倾向与就业能力显著正相关，行为倾向与就业能力显著正相关，新经济环境同就业能力显著正相关，新社会环境与就业能力显著正相关，价值倾向与新经济环境交互项同就业能力显著正相关。已有研究表明，新环境下，大学生就业观与就业能力有显著的正相关关系，大学生的就业能力会受到当前经济环境的影响。

五、研究结论

本书以新环境为调节变量，在此基础上，构建了大学生就业观对就业能力的影响的研究模型，并通过北京某高校的调查数据，对理论模型进行了实证检验，主要的研究结论包括：

（1）大学生就业观包括情感倾向、价值倾向和行为倾向。模型的实证研究结果表明，情感倾向和行为倾向与大学生就业能力存在显著相关关系。当大学生能够端正就业观、有明确的目标、倾向于走上就业岗位为家庭分担责任时，往往会努力地提高自身的就业能力，让自身各方面的能力得到提高。因此，大学生端正就业观能够提高就业能力，为尽快顺利走入社会做好全方位的准备。

（2）新环境包括新经济环境、新社会环境和新技术环境。已有实证研究结果表明，新经济环境和新社会环境同大学生就业能力存在显著相关关系。当前，大学生的就业能力培养受新经济环境和新社会环境的影响，当外部的环境发生变化时，大学生为了应对环境的变化，需要不断地调整自身的就业能力。新技术环境与大学生的就业能力不存在显著相关关系，原因可能是"00后"大学生是伴随着互联网长大的一代，从出生开始就有互联网，因此，在技术环境的不断变化中，其就业能力所受到的影响较小，存在不显著的情况。

（3）已有实证研究表明，价值倾向与新经济环境交互项同大学生就业能力存在显著相关关系。当前，在国内国际双循环经济的调节下，价值倾向对大学生就业能力有显著的正向影响。受经济环境的影响，就业价值倾向性越强，对大学生就业能力的影响越大。因此，价值倾向越高的大学生，越注重培养自身的就业能力。

第四章　大学生就业观

　　大学生充分就业是社会稳定的重要因素，是实现经济持续健康发展、民生改善和社会大局稳定的重要保障（许世彬，2023）[50]。大学生就业观在大学生就业工作中发挥着重要的作用，注重大学生就业观的培养是高校教育工作者的责任和使命，是为党育人、为国育人的初心使命。因此，端正大学生就业观是高校一直高度重视的工作，教育工作者更要充分了解大学生就业观的现状和存在的问题，为更进一步开展大学生就业工作打下坚实的基础。

第一节　大学生就业观的概念

　　大学生的就业问题一直深受社会各界的关注。在众多可能影响大学生就业的因素中，大学生就业观被认为是主导因素。因此，深入探究大学生就业观显得尤为重要。当前，学界对大学生就业观的研究尽管已较成熟，但是就大学生就业观的概念还未形成较完善和统一的定义。

　　就业观作为人们在选择职业和从事特定工作过程中所形成或持有的价值取向，是人们对于某一职业的一种观念、态度、认知及心态，是个人对就业的一种反应性倾向，由认知、情感和行为倾向三个因素组成（胡维芳，2010；袁姣姣，2012；朱厚望和李经山，2012；孙墨瞳，2018）[51-54]。就业观念就是人们对于各种不同职业的评价、意向以及对就业所持有的态度（游敏惠和袁晓风，2013）[55]。就业观是世界观、人生观和价值观在职业上的体现，是人们在选择职业和从事职业实践过程中所形成或持有的根本观点或价值取向（迟成勇，

2012）[56]。就业观是就业主体对于就业的目的、意义、怎样就业及就业空间等的根本看法和态度，大学生就业观包括就业动机、就业定向、职业选择空间观念、就业途径等（龚惠香，2000；姚科艳，2011）[57][58]。彭薇（2005）[59] 提出，就业观是人们对与就业有关的重要问题的基本看法和根本观点。就业观不仅仅是一个人对职业的认知和态度，也应该是个人对职业目标的追求（常春圃，2016）[60]。大学生的就业观念是指在大学生在就业的过程中所表现出来的，包括就业动机、就业方向、就业期望、就业途径以及就业方式等多方面的心态、想法、行为的价值取向（潘文庆，2014）[61]。就业观是指人们对于各种不同职业的意向、评价以及对就业所持有的态度，是人们的择业倾向和就业行为在思想上的反映（余彬，2006；朱梅彩等，2021）[62][63]。大学生就业观是大学生在学习专业知识和参与社会实践活动过程中形成的关于就业理想、就业目的、就业方向和就业意义等趋于稳定的观念和态度，既展现了大学生的职业抱负，也表现出其价值观认识。尽管当前就业观的概念不一，但主要的思想是一致的，主要是指人们的择业倾向和就业行为在思想上的反映。大学生就业观是否端正直接影响着大学生在未来走入社会的择业情况，因此研究大学生就业观有重要的意义。

第二节　大学生就业观的影响因素

随着世界主要国家高等教育的大众化与普及化发展，大学毕业生人数不断增加，使大学生就业竞争压力不断增大，就业观作为影响大学生就业的重要因素，吸引了不少学者的关注。

随着国内国际双循环发展、就业市场规模的不断扩大，影响大学生就业观的内外部因素越来越多。当前，学术界对就业观影响因素的分类不一，但主要集中在以下几个方面：一是个体因素和环境因素。其中，个体因素包含个人因素（如性别、外貌、生源地等）、自制因素（如学校、专业水平等）、社会资本因素及学生心理因素。环境因素包含社会劳动力市场供求水平、高校就业指导服务、组织就业信息传递等方面（朱晓妹等，2012；周泽仪，2020）[64][65]。经济因素是个人择业的重要因素，从个人教育收益的角度而言，大学毕业生选择到经济更为发达的城市就业，更有助于其实现较高的教育回报追求（孙铁山和刘霄泉，

2016)[66]。但是随着经济社会多元化发展，有研究者发现，经济因素已经不完全是大学毕业生就业选择最在意的因素（李善乐，2017）[67]，诸如"同群效应"等因素对大学生就业选择的影响愈发凸显（苏健涵，2016）[68]。当前我国的产业结构正进入战略调整的关键时期，对劳动力结构产生着深刻的影响，继而影响着大学生的就业（文丰安，2009）[69]。此外有调查表明，75%的大学生的就业城市选择会受到情感因素（如家人、同学、朋友、对象）的影响（陈春潮和齐婉宁，2018）[70]。二是内在动力和外在拉力。其中，内在动力主要包括大学生对自我价值的认知。此外则全部为外在拉力。唯物辩证法认为，外因是变化的条件，内因是变化的根据，外因通过内因而起作用（毛泽东，2009）[71]。大学生就业观是内外因共同作用的结果，它受到主客观两方面因素的影响（张宗芳，2020）[72]，包括父母的职业价值观、大学生对于薪资的期望值、地区经济发展、政府相关政策、学校就业引导以及用人单位相关制度、福利待遇等。外部拉力因素对大学生就业观的影响要强于内部动力因素（柴天姿，2014）[73]。内在和外在影响因素没有绝对的分类，是相对的。宋晓会（2009）[74]从社会环境、校园环境、家庭环境和主体因素等方面详细讨论了以上因素是如何影响大学生就业观以及在大学生未来的就业中是如何发挥作用的。高校教育工作者要引导大学生就业，为学生提供良好的职业生涯规划和就业指导。张宗芳（2020）[72]提出，影响大学生就业观的主观因素包括个人心理、个人认知水平、个人能力素质，客观因素包括家庭、高校、用人单位和政府，他通过详细分析不同因素的具体影响机制，深入探讨了以上因素是如何影响大学生就业观的。三是社会因素、学校因素以及个人因素。研究显示，社会因素中国家宏观调控及社会就业服务体系直接影响了大学生对于当前就业形式的正确认知，影响其就业观念的形成。大学生的就业观中仍存在"铁饭碗"的陈旧观念。"一次就业定终身"的思想仍然未被根除，影响毕业生就业。同时，我国正处于社会转型阶段，传统产业对大学生的需求量减少，服务行业还未发展成熟。社会结构的缺陷使大学生在树立就业观时容易陷入迷茫。学校因素中对大学生就业观念产生影响的主要是高校专业的设置以及就业指导系统的设定。与时俱进的专业设置和完善的就业指导服务能够很好地帮助大学生树立正确的就业观，也是影响大学生就业观的两大重要因素（陈鉴，2011）[75]。由此可见，高等院校的专业设置、完善的就业指导工作等都是影响大学生能否树立正确价值观的关键。高校教育工作者除在解决大学生就业观影响因素上下功夫，做好就业引导工作外，还应该在课程的顶层设计、培养方案的完善上做足功课，做好大学生就业培养工作。四是在以上因素的基础上，将影响因素划分为四部分，分别是社会因素、学校因素、个人因素及家庭因素。父母的职业类型会对大学生的就业观起影响作用，其中，父母在体制内工作对大学生的就业观树立可以起到正面作用，并且能够影响大学生以后的就业表现（陈迎明，2013；阮草，2019）[76][77]。家庭是一个人从小到大的成长和生活环境，对人的世界观、人生观、价值观的形成具有极其重要的影响，父母的思想和行为、家庭经济条件、家庭关系等因素都会在大学生价值观塑造的过程中发挥重要作用，特别是父母的言行举止。有的家长思想落后，过于看重金钱利益，在生活中以金钱为先，认为通过金钱就能解决所有问题，甚至认为孩子要找到高薪工作才算成功，不然就是对多年教育投资的浪费，这些观念对孩子的价值观的影响是潜移默化的，导致大学生的就业观出现偏差（李旺，2021；刘佳和方兴，2022）[78][79]。张杨（2018）[80]在研究中运用了问卷调查法，收集了大量一流高校的学生问卷，经过研究发现，研究生对就业形势的判断、工资收入理想标准和对就业难易程度的预估，都会受到家庭资本的影响。研究还发现，研究生的就业选择也会受到家庭因素的干扰。研究着重分析了不同因素的干扰程度，并提出了解决办法和应对措施。章根红和李洪全（2014）[81]认为，家长的职业现状以及对职业的社会地位、经济地位、发展前途的思考往往影响着子女的就业选择。大学生在毕业季择业期间往往会产生心理问题，这势必会对其就业观产生负面影响。在就业过程中，大学生由于缺乏理性的思维和成熟的眼光，导致他们屡屡受挫，出现不同程度的浮躁、焦虑和恐惧等心理障碍，尤其是在经过多次碰壁之后，一部分大学生失去信心、意志消沉、不敢面对现实，由此变得一蹶不振（张宗芳，2020）[72]。

互联网的发展、就业地域的差别等都会影响大学生就业观的形成。高岳涵（2017）[82]提出，发达地区学生的就业观念更为先进，少数民族或偏远地区学生的就业观则相对保守。新媒体的发展同样影响着大学生就业观的形成。新媒体能够改变大学生获取就业信息的渠道，影响其对职业的认知，甚至可以为大学生提供更多新的就业岗位（尹兆华，2019）[83]。韩春（2019）[84]从人工智能对大学生就业观的影响着手进行深入探究，研究发现，职业平等观受到挑战，大学生就业意向趋于集中，自主择业观愈发明显，就业目标更加明确，就业竞争意识显著增强以及就业观念更加灵活，渠道更加多样化。很多媒体过分渲染大学生就业，使一些用人单位对大学生就业市场出现错误认识，觉得人才到处都是，于是盲目地抬高用人门槛，甚至相互攀比，造成"人才高消费"、不惜人才的局面（章根红和李洪全，2014）[81]。

关于大学生就业观的影响因素，还有很多学者根据不同研究群体进行深入探究，使用的方法既有定性研究方法，也有定量研究方法。张亚锋和郭萍倩（2012）[85] 以高校困难学生为研究样本，运用质性研究方法探究影响困难学生的因素，通过深入研究发现，主要影响因素有学生的自身因素，包括心理问题、综合素质；外部因素，包括家庭传统观念、高校学科专业设置、社会舆论环境等。在此基础上，他们提出了相应的策略。杨红军和沈杰（2022）[86] 以护理专业大专生为研究对象，通过发放调查问卷收集数据，利用统计分析软件 SPSS 对就业的影响因素进行实证分析，研究发现，工资收入、福利待遇、医院的工作环境、工作强度、交通情况等对护理专业大专生的择业情况有显著的正向影响，在实证研究结果的基础上，提出毕业生端正就业观、提高综合素质等会改善高校毕业生就业观。张伟（2020）[87] 通过研究发现，硕士研究生就业目标有明显的性别差异，在择业时所表现出来的就业期望也不相同，研究还表明，良好的就业态度对硕士研究生顺利就业起着显著的正向影响作用。

第三节　大学生就业观的特点

在经济全球化的今天，大学生就业观呈现出多种特点。认真了解大学生就业观的特点，能够更好地研究大学生就业观及影响因素，使各方有的放矢地开展就业相关工作。

一、对工作期望值过高，自我存在"精英意识"

"00 后"大学生关注自我、特立独行，逐渐成为职场中的主力军。2022 年，全国普通高校毕业生规模达到 1076 万人，但"招人难"的现象依然存在，"00后"大学生有业不就的突出现实问题亟待解决。当前，大学生就业观存在对工作期望值较高、"精英意识"强，不能够根据自身的能力去正确地面对当前的就业形势的问题。他们个性较强，从小与互联网为伴，在网络的影响下，自我意识较强，自身想法较多，特立独行。他们所接触的互联网上的内容较多，想法新奇，对行业、岗位的认知不同，对未来的工作有更多的期待和要求。他们的就业观在形成过程中，更多受到互联网的影响，当然，很多时候也会存在好高骛远的情况，学生自我感觉良好，自我意识强，以自我为中心的想法逐渐萌生，在找工作中挑三拣四的现象倍增。因此，针对此类特点的大学生，高校教育工作者要在平时的教育中注重引导，不要让互联网成为大学生就业路上的绊脚石，要让互联网在大学生就业中发挥积极的作用，成为就业路上的辅助力量。

二、仍然存在传统的就业观念

当前，人们的生活水平、经济水平较之前有所提高，社会一片和谐。在生活越来越幸福的情况下，当代部分大学生似乎并不很看重高薪酬待遇，求舒适的意愿相比之前较为明显。找工作对他们来说不再是单纯地为了生存，更多的是为了获得自我价值的实现（刘海艳和李跃鹏，2012；刘惠芳，2015）[88][89]。在岗位与专业不对口的情况下，高校大学生更倾向于从事自己理想的职业，想要使第一份工作满足自身的所有要求。在这种情况下，更多的高校大学生更看重工作单位的性质，考公务员、考事业编、到国企央企工作越来越受到高校毕业生的青睐。在他们的眼中，这就是能够满足他们需求的最好工作，择业中传统的就业观念比较严重。当前，很多选择"二战"考研，或者手里收到了很多offer，但还是一直拖着不签约的应届毕业生都是对自己的第一份工作持有很高的期待，希望在自己的努力和坚持下，能够如愿找到一份在薪资待遇、企业性质等方面都比较满意的工作。传统的就业观念没有对错，只是在当前的社会就业形势下，高校毕业生在找工作中，除考虑自身的就业意向外，也要考虑当前的经济环境、就业形势等，全方位考虑问题，才能够在找工作过程中得心应手，不局限于考事业编、公务员等，给自己更多的机会，去寻找更大的舞台，反而更有利于高校毕业生未来的发展。

三、不能正确认识和面对激烈的就业竞争

当前的时代发展给大学生就业带来了很多机遇，就业岗位的增加、国家出台相应的就业政策等，都促进了大学生的就业，但是，部分大学生不能够正确认识当前就业形势与就业观念的关系，无法给自身进行清晰的定位，归根结底，这还是就业观念不端正的问题。高校大学生就业观的一大特点就是不能够正确地认识和面对激烈的就业竞争，尽管就业岗位增加了，但是毕业生人数也在增加，就业

仍然比较激烈。部分大学生生活环境较好，衣食无忧，不能够真正体会找工作的不容易，再加上部分同学在步入社会前没有进行实习实践，社会阅历尚浅，对当前社会上激烈的就业竞争、严峻的就业形势了解不多。因此，高校的教育工作者要针对当前大学生就业观的特点，在平时的职业生涯规划和就业指导中引导学生了解就业单位、就业形势等基本常识，让大学毕业生步入社会后能及时地适应社会，适应自己的工作岗位。

四、存在"等靠要"的依赖心理

部分高校毕业生存在"等靠要"的依赖心理，不能主动走入社会去找工作，过多依赖家长和已有的社会资源，不给自己尝试的机会，这种现象比比皆是。大学生"等靠要"的依赖心理主要表现在："等"是大学生本人不积极，不主动去投简历、参加面试，而是等待着比较满意的工作送到自己的手里，显然这是不现实的。"靠"主要是靠家里、靠朋友、靠资源来帮助自己找到合适满意的工作，学生不能主动走出去找工作，而是依靠外在力量的帮助，这对个人能力的提高没有好处，需要大学生端正就业观，将此类依赖心理从源头上掐灭，提高自己的实践能力，只有自身的能力提高了，才能够有更多的自信去找工作，而不是靠别人来帮忙解决。"要"是在找工作中伸手要，部分大学生在找工作时不努力，也不主动，而是等着别人给工作，这和等着伸手要没什么区别，因此端正态度很重要。在高校毕业生的就业教育引导中，尤其要注重大学生就业观念的培养，摒弃"等靠要"的依赖心理，引导学生树立正确的就业观，让他们提高自身各方面的能力。

第四节　大学生就业观的已有研究

学术界对大学生就业观的研究呈增长趋势，研究方法也在不断创新，通过对已有研究文献的梳理发现，有关大学生就业观的研究主要集中在大学生树立正确就业观的意义、现状调查、人工智能等新兴技术对大学生就业观的影响以及大学生就业观与就业能力的关系方面。

一、大学生树立正确就业观的意义

（一）做好职业规划

就业观直接影响着大学生的就业价值取向、职业选择方向、主动性以及积极性，与大学生个人发展和职业理想密切相关，决定着高等学校就业工作的质量和效率，关系到社会和谐稳定和全面建成小康社会宏伟蓝图的实现（冯来顺和王力，2019）[90]。清晰明确的就业观可以帮助大学生正确地认识到自己的兴趣、能力和目标，帮助大学生做好职业生涯规划。做好职业规划在大学生就业中发挥着重要的作用，能够帮助大学生树立正确的就业观，指引正确的方向。已有研究表明，有职业规划的大学生在未来的就业中比没有职业规划的学生顺利，其有能力掌握更多的信息，各方面素质也更胜一筹，能够较好地适应就业环境。

（二）提高就业竞争力

科学正确的就业观指引着大学生积极参加各类实习实践活动，在实习实践中提高自身的就业能力，全面提升自身素质，在提高自身素质的同时，提高就业竞争力。当代大学生要志存高远、脚踏实地，转变择业观念，坚持从实际出发，勇于到基层一线和艰苦的地方去，把人生的路一步步走稳走实，善于在平凡岗位上创造不平凡的业绩（唐博，2019）[91]。大学生通过参加社会实习实践提高自身的就业竞争力，在培训中增强自己的专业技能和软实力。大学生通过参加校内和社会活动来拓展人脉，提高沟通和交际能力，这可以帮助他们在求职过程中脱颖而出。这些都是大学生提高自身就业竞争力的方式方法，能够使他们在未来的就业竞争中成为佼佼者。

（三）培养创新思维

大多数企业都希望招聘那些有能力主动处理问题，并能够管理公司发展的员工。通过参加教育培训和思维训练，培养创新思维、解决问题的能力，可以帮助大学生在团队合作和工作中更具竞争力。大学生只有树立科学、正确的就业价值观，才能够在知己知彼的情况下给自己更多发展的空间，积极参与各类创新创业活动，在参与活动中培养创新思维。端正的就业观是一切创新创业能力发展的前提，只有方向对了，才能够在找准目标的情况下，培养和锻炼自己各方面的能力。就业单位对大学生的创新思维相当看重，企业帮助大学生尽快适应企业文化和认同企业文化，在这种情况下，帮助大学生顺利融入企业，在就业岗位上利用创新思维做出新的成绩。

二、大学生就业观的现状调查

高校大学生的就业问题始终是党和国家高度重视和关心的问题，事关国家发展和社会稳定，是学校就业指导工作的核心，是家庭幸福的基本民生问题。使当代大学生的就业观发生了显著的转变。

（一）竞争意识不断提升

随着社会环境、新兴技术的不断发展，大学生就业形势越来越严峻，在激烈的竞争环境下，大学生的就业竞争意识也就越来越强了。当前，国家政策和就业机制不断调整，也使大学生就业面临更多的挑战。面对不太理想的就业现状，大学生会产生沮丧的情绪，在找工作时难免会产生畏难情绪，也正是在这样的情况下，更多的大学生选择提高自身技能，去适应社会发展中的变化。树立正确的就业观念，更多的是转变就业心态，在就业中不断学会调整自身的状态，在转变中对就业有不同的看法，也更加注重自身在就业中的发展。当代大学生在注重发展中，更关注在激烈的竞争中提升自己，从而使自身在择业中处于有利的地位。大学生就业竞争意识的不断提升，也是大学生更好地适应社会发展的一个见证，更是端正自身就业观念的积极表现，能够产生榜样作用。

（二）职业流动意识不断增强

在就业形势不断变化的过程中，大学生传统的就业观念也在慢慢发生变化，不再是先就业再择业，更多的高校学生愿意毕业后选择一份满意的工作，在工作中体验就业环境、氛围以及适应性，再决定是否流动。"00后"大学生个性较强，比较自我，很有自己的想法，是父母手心里的宝，在社会及生活环境越来越优越的情况下，部分学生养成了不能吃苦的习惯，尤其在步入工作岗位后，在环境不如意的情况下，他们更多地会选择"整顿职场"，在与领导、同事意见不一致时，也会更多地去表达自己的观点。部分"00后"大学生不能够正确地看待职场关系，与同事发生矛盾后，一言不合便会"怼"。种种现象表明，在职场中，学生不满意时，他们总是会找到发泄的渠道，让自己的情绪宣泄出去。在此情况下，大学生的流动意愿较强，更愿意选择自己满意、能让自己开心的工作，也就出现了很多大学生频繁辞职换工作的现象。很多大学生在毕业找工作时希望能够专业对口，但是在就业过程中也更注重个人未来的发展，于是很多时候专业对口反而显得不那么重要了。在工作中，只要判定没有上升的空间或者已经到天花板了，这些大学毕业生就会选择换一份工作，继续去寻找能够满足自身发展需要的工作，导致流动性增强。

（三）自我肯定意识比较浓厚

随着国家就业政策的不断优化和完善、企业管理模式的不断改革和变化，我国的就业制度和用人制度也在不断变化，越来越多的大学毕业生能够适应个人与企业的双向选择，在此双向选择的过程中，他们也将面临更多的机遇和挑战。社会就业环境不断优化，大学生在就业中也变得更加主动和积极，自我肯定的意识也在不断增强。在高校毕业生择业过程中，他们更注重自身在职业上的需求。大部分有规划的高校毕业生，在大学期间就能够给自己定一个明确且方向正确的目标，让自己在上学期间能够朝着目标不断地努力。更多的大学生在上职业生涯规划课时，能够定好目标，并根据自身的情况不断地进行调整和变动，使自己在大学期间在学业、技术能力、沟通能力等方面不断进步，通过后期的简历制作、面试辅导，使就业准备更加完善，在毕业时能够自信满满地到就业市场上找工作，不断地拓宽自己的视野，不断地实现自身价值和人生理想。大学生自我意识变强也说明，高校教育工作者应该更多地关注学生对自我的评价，他们更愿意得到别人的认可，因此，在开展就业指导工作中，要有意识地去肯定大学生在就业中已经做出的各种努力。

（四）注重"稳定"的工作

越来越多的大学生注重自己工作的性质，尤其偏好于更"稳定"的工作，倾向于找"铁饭碗"。大学毕业生比较喜欢的"铁饭碗"有公务员、事业编制等，他们向往类似的"稳定"工作，有的是受环境的影响，有的是受家庭的影响，父母在体制内或想让自己的孩子拥有一份稳定的工作，平平安安度过一生。当前，社会中存在考公务员、考事业编热，很多毕业生热衷于进体制内，甚至有的大学生在入学后就已经开始准备公务员考试，为的就是能够在毕业时顺利考公。但过度地热衷也给大学生带来了更多的困惑，准备时间、战线拉长，一旦考试成绩不理想或没有找到自己满意的工作，就会带来更多的困扰。"稳定"工作是一种目标，大学生更应该注重自己的心态调整，与此同时，能够根据自身的条件，给自己更准确的定位，使自己在找工作过程中处于有利的位置。给自己更多选择的机会，使自己有更多的路可以走，不至于在考编或考公没上岸时，置身于不利处境。找准位置，就是要给自己更多的选择，在就业类型、地区等方面做好准备，找工作需要不断地调整自身的需求，也要考虑当前就业市场的环境，只有正确地把握内外因素，才能够使自己在找工作的过程中更顺利。

三、人工智能等新兴技术对大学生就业观的影响

（一）职业平等观受到挑战，职业意识趋于集中

人工智能时代，产业结构和职业结构正处于变化和过渡的阶段，大学生职业平等观受到巨大的冲击，大学生对于职业和就业岗位的选择更加地趋于实用性和功利化（肖婷，2019）[92]。一方面，人工智能标志着科学技术发生了历史性的变革，而技术型、创新型以及服务和管理类的人才成为了社会急缺的人才，这类职业成为了社会热门，也受到国家和政府的高度关注。另一方面，随着我国经济市场的高速发展，人工智能给行业带来了巨大的经济利润，而市场的一大特点就是趋利性，相关行业的从业人员的薪资水平也有着明显的提升，这就使大学生纷纷选择相关行业作为自己未来的就业目标（韩春，2019）[93]。人工智能时代的到来，给脑力劳动者带来了更多的机遇，与此同时，也给体力劳动者带来了挑战。因此，高校毕业生应该摆正心态，积极主动适应社会的发展。

（二）自主择业更加明显，就业目标更加明确

随着高校的不断扩招，大学生在高校中接受着更为系统专业化的教育，大学生通过专业学习，掌握了一定的专业技能，因而更倾向于通过自身的劳动来体现自我价值，当大学生同时具备了就业理念和就业能力的时候，也就能够根据自身的实际情况，制定更为明确的就业目标。另外，随着人工智能技术、数智化的迅速发展，尤其是信息技术的飞速进步，大学生能够通过网络获取更多的就业信息，从而对自身有意向的职业和岗位进行比较，做出更符合自身兴趣与需求的判断，进而选择相应的职业。在这种情况下，教师和前辈的经验就被淡化了，相对于接受就业指导来说，大学生更愿意按照自己的意愿去选择职业，有了极强的自主择业观（韩春，2019）[93]。人工智能时代，他们也更愿意接受时代带来的变化，在外部环境的作用下，选择更适合自身发展的工作。

（三）就业观更加灵活，渠道更加多样化

互联网技术、信息技术的飞速发展，为人们的生活带来了更多的便利，人们可以通过互联网进行沟通。一些通过网络就可以完成的比较灵活的就业工作应运而生，这一类工作不受时间、地点等的限制，更为灵活。因此，很多大学生受互联网、信息技术时代的影响，其就业方向也更趋于灵活化，不再局限于考公务员、考事业编，有很多学生开始注意到自由职业、兼职工作等，他们在择业中也更适应这个时代的发展了，选择的渠道也更多样化了，大学毕业生可选择的就业

岗位也越来越多，因此，原本较单一的劳动关系也发生了变化。

四、大学生就业观的相关研究

（一）国内外关于大学生就业研究

国内外学术界对大学生就业的关注度较高。已有研究文献主要从以下四个方面展开：一是从大学生择业、就业态度、就业观、就业竞争力、薪酬待遇及其影响因素方面开展深入研究（史秋衡和任可欣，2023）[46]。二是从大学生就业工作体系构建、教育模式、就业机制等方面进行研究。三是从大学生就业的现状、困境、具体策略、路径等方面进行研究，已有研究既有定性研究，也有量化研究。四是对大学生就业与劳动教育、课程思政等方面进行结合研究。

（二）国内外关于大学生就业观与就业意愿的研究

"00后"大学生佛系、从众但不将就，"慢就业""躺平"现象滋生，对新时代大学生就业工作提出了挑战。近年来，学术界对大学生就业观的影响因素越来越关注。就业观的影响因素研究主要从个人因素、学校因素、社会因素、环境因素、学生综合因素（朱梅彩等，2021）[94]、认知、情感、意志品质（罗映梅，2013）[95]、就业行为倾向、职业价值倾向（韦颖，2017）[44]等方面展开。受社会经济结构、科技发展、就业形势、家庭环境和个人就业能力等因素的影响，大学生在不同情境下会做出不同的就业价值排序和选择，如工作地域、薪酬待遇、政策环境、发展空间等价值排序（李小琼，2017）[96]。朱梅彩等（2021）[94]从就业环境、家庭环境、专业特征等角度归纳总结了影响大学生就业观形成的因素，提出培养大学生正确就业观的对策。李旺（2021）[78]从拜金主义的角度出发，提出思想尚未完全成熟、家庭环境、现实问题等因素交织影响着青年的就业观。张宗芳（2020）[72]从主观因素和客观因素两个方面展开研究，深入探讨了大学生就业观的影响因素，在此基础上，从个人、家庭、高校、政府、用人单位的角度提出当代大学生优化就业观的具体路径。当前关于大学生就业观的影响因素研究，学者的研究角度不一，高校教育工作者在就业中的作用还需进一步探讨。

关于大学生就业意愿的影响因素的研究起步较早。当前，主要的影响因素有家庭、学校、个体（刘保中，2020；刘晏男等，2021）[97][98]、职业发展、文化环境、生活环境（周君宇等，2021）[99]、积极性、消极性（马小静，2020）[45]等。刘保中（2020）[97]提出了大学生就业意愿的多维解释框架，从宏观影响集、传导集到结果集深入探究了大学生就业意愿的多维因素模型。李晓静（2020）[100] 以在校大学生群体为研究对象，对人力资本理论、社会资本理论等进行分析，通过发放调查问卷收集数据，研究发现，学历、政治面貌、家庭人均年收入、基层就业政策、对就业形势的认知情况以及在基层实践的经历对大学生就业有显著的影响，在此基础上，从政府政策的完备落实、高校的教育引领以及个人思想观念的转变等方面提出具体建议。刘晏男等（2021）[98] 通过建立回归模型，实证研究发现，个体特征、家庭特征、学校特征对大学生就业意愿有显著的影响。伍浩川（2022）[101] 以合肥市大学生为调研对象，通过问卷调查的方式获取样本数据，利用 SPSS 统计软件对样本数据进行实证分析，研究发现，合肥市大学生就业意愿的影响因素有薪资待遇、工作强度、个人能力，在此基础上，提出通过了解就业信息、提升综合能力、提升人性化管理能力、加强对大学生就业的宣传和引导来提高大学生的就业意愿。

国内外关于大学生就业观与就业意愿关系的研究较少。康正等（2019）[102] 以卫生事业管理专业本科生为调查研究对象，分析了大学生就业观与就业意愿的关系。"00 后"大学生"慢就业"的现象是其就业能力低、就业观偏差造成的，大学生应不断地调整"慢就业"心态，做好人生规划（俞锋和韦娜，2021）[103]。当前，在大学生就业观与就业意愿的研究中，定量与定性相结合的研究较少，高校教育工作者作为思想政治教育引领者的作用的发挥还有待探索。

第五节　大学生就业观存在的问题

在构建创新发展格局的时代，高校大学生就业形势受到影响，使高校大学生就业观念产生了新的变化（郭金花等，2022）[104]，大学生就业观方面存在一些亟待解决的问题。

一、职业规划不清晰

对于大学生而言，从学校走入社会工作，是人生中非常关键的一步。俗话说："一步错，步步错。"重大决定应当是经过深思熟虑之后作出的，更何况从学生到职业人的转变。大学是考核制，而就业则是淘汰制，尤其是在高校不断扩招的情况下，竞争非常激烈。然而，对于大学生来说，职业规划是一个非常陌生的领域，他们不了解社会，不了解规则，常常会脱离自身情况，做出与自身不太相符的选择，以至于在职业道路上走了不少弯路（王会娟，2022）[105]。在大学的第一年，几乎所有的高校都会开设一门大学生职业规划的课程，在大三或大四时会开设一门大学生就业指导的课程，因学分和学时较少，很少能够引起大学生的重视，尽管授课教师在课堂上多次提到职业规划和就业指导的重要性，但依然不容易引起学生的重视，导致大部分学生都没有明确的职业规划。

当前，大学生的职业规划不清晰，导致其在毕业季找工作时手忙脚乱，遇到工作时一头雾水，因为没有明确的职业规划，也就不知道自己想找工作的类型、工作地点、具体需求等，对未来的工作没有规划，导致在就业中处于被动地位。正是因为缺少职业规划或职业规划不清晰，更不能够直面就业中的压力，在遇到挫折或简历被拒时，挫败感强烈或不能够及时调整好自己的状态。因此，大学生职业规划不清晰属于普遍问题，要想在就业市场中处于有利的地位，有一个清晰的职业规划是第一位的，大学生应该摆正就业心态，尤其是要正确看待就业观念与自身能力的关系，在大学期间，做好职业规划，通过不断地进行动态调整，提高自身的能力。

二、从众心理较严重

从众心理是在群体的引导和压力下，个体观念和行为主见与多数人保持一致的一种心理现象。这种心理在高校毕业生就业过程中非常普遍，表现为大学生在就业选择中跟随其他就业人员做出决策（王兴宇，2020）[106]。"考公热"和"考研热"就是这种现象的集中反映。大部分学生没有明确自身的优势与劣势，没有结合自身的专业进行择业，身边的人做什么，他们就做什么，没有自己的想法，随意跟风，这种现象比比皆是，这类学生不能够根据自身的情况，选择自己想要从事的职业和工作。在就业过程中，很多毕业生没有明确的目标，也不能够充分地分析自身的就业优势和劣势，"随大溜"现象较严重。从众心理造成大学生对某些工作过度推崇，缩小了就业范围，错失了就业机会，破坏了就业市场的稳定运行（王兴宇，2020）[106]。当信息不足时容易发生认知趋同，大学生就业者在真实或想象的群体压力下，会在判断和行为上与就业群体中的大多数人保持一致（刘志和邹云龙，2017）[107]。表面上看，这会导致大学生就业地域选择趋同、行业选择盲目、岗位选择跟风等。研究发现，如果就业市场利好，将导致大学生期望值提升和最大化追求利益，后果是造成就业市场泡沫，提高了劳动力成本；如果就业市场需求低迷，就会加速劳动力市场的衰退，引起大学生的自愿性失业（张建军，2008）[108]。当前，大学生在就业中存在的从众心理需要得到引导，引导大学毕业生树立正确的就业观念，在大学期间做好职业生涯规划，根据自身的需求、能力等进行不断的调整，在调整中正确认识就业市场，充分了解自己未来想从事的行业和具体的工作，能够使自己在未来有的放矢，减少从众心理，端正自己的就业观念，使自己在就业市场中处于有利地位。

三、过分追求"钱"途

薪资待遇是很多大学生在就业中首要关注的方面，他们主要通过熟人和互联网两种途径了解薪资待遇信息（张刚生，2023）[109]。互联网成为了解薪资待遇的主要渠道，尤其是知乎、抖音等平台，充斥着大量的高收入描述，甚至年薪百万也是普遍状态。长期接触此类信息，自然会导致大学生对薪资有过高的期待，甚至忽略了对自身能力、就业市场情况等的考量。大部分高校毕业生在就业时，除关注自身发展、就业岗位给自己带来的价值等外，还在关注薪资水平，很多毕业生存在过分追求"钱"途的问题，他们将个人发展、薪资待遇、就业单位类型等考虑在内，但实际上钱多、活儿少、离家近的工作并不多。当前大学生的就业观念存在一定的问题，尤其是在追求高薪资待遇的过程中，不能基于社会的发展环境、自身的能力等进行全面的考量。

根据目前了解的情况，现实的薪资水平与大学生的期待存在较大的差距。主要原因是企业提供了越来越多的就业岗位，但企业在提供更多就业岗位的同时，给出的薪资待遇水平也参差不齐，在这种情况下，很多大学毕业生在就业中存在"挑肥拣瘦"的问题，不能正确面对就业市场的现状。当现实的薪资水平与大学生的期待存在较大的差距时，很多大学生找工作时就会存在消极的心态，不能摆正心态去正确面对现实。在此情况下，很多大学生会选择辞职，希望在未来找到薪资水平满足自身期望的工作，这也就提高了大学生的失业率，很多大学生在短期内不能够找到自己满意的工作，会一直处于"飘着"的状态，为社会的经济带来一定的影响。在这种情况下，大学生的就业状态、心态等需要社会、家庭进行更多的关注。高校就业指导部门在做好大学生就业指导工作时，及时关注大学生的就业需求、心态等，能够及时对学生的情况做好应对方案，从而引导大学生端正就业观念，使他们在未来的就业市场中具有竞争优势。

四、"铁饭碗"与灵活就业现象分化严重

很多大学生将进入政府机关、事业单位作为自己的首选，认为稳定是求职最基本的条件（冯来顺和王力，2019；解玮和高金祥，2017）[90][110]。他们更注重就业的稳定性，当然，这受到各种因素的影响。很多父母希望孩子毕业后找一份稳定的工作。在此情境下，更多的高校毕业生倾向于考公务员、考事业编，希望通过体制内的工作稳定自己的生活。因此，"铁饭碗"成为了很多高校毕业生毕生的追求，他们在大学期间准备各种考试，希望通过考试来获得一份满意的工作，在工作岗位上更加顺利。

与追求"铁饭碗"的大学毕业生相反，还有很多学生追求自由，选择诸如自由职业、开网店等灵活就业的方式，这类学生喜欢自由或者当前还没有明确的职业选择，想通过选择自由职业来形成一个缓冲期，这类学生大部分是在大学在读时期没有明确规划，不能够提前明确目标，为自己找到合适的定位，大多数随波逐流，这样的学生一到就业时就开始着急。也正是因为没有明确的规划，才使更多的学生选择灵活就业，灵活就业的流动性较高、稳定性较低，与追求"铁饭碗"的大学毕业生形成鲜明的对比，也可以说是两个极端。大学毕业生应该端正就业观，当然，并不是追求"铁饭碗"和灵活就业不好，而是大学毕业生在就业中应该充分结合就业市场的情况，考虑自身的需求和能力，端正就业观，充分考虑内外部因素，在就业市场中提高自身能力，让自己处于优势的一方，使自己在就业中顺风顺水。

五、就业主动性较弱，消极心理仍然存在

大部分学生能够充分地认知到当前就业环境下的机遇，能够意识到主动就业的重要性，但就业的消极心理仍然存在。随着高等院校的不断扩招，毕业生的数量也在逐年增加，在这种情况下，越来越多的企业不断扩大招聘的人数，就业难的现象尽管存在，但并不是不能够解决的问题。在毕业生中，有很多人会选择"二战"，全心全意备考，为的是能够考上目标院校。还有少部分学生立志于考公务员、事业单位等，他们也是暂时不想就业，比例在5%左右。还有一些学生压根儿就不想就业，虽然比例很少，但是在现实中也是存在的。此外，有一些学生准备出国，虽然数量不多，但是这部分学生也是不想就业的。由此看来，并不是就业市场提供的就业岗位太少，而是部分毕业生在就业中抱有消极怠慢的态

度，不能正确认识就业的重要性。考研失利后，不能及时摆正心态，选择边就业边考研，而是认为自己应该复习一年，这样的想法比比皆是。高校教育工作者在开展大学生就业指导工作时，应该将该项工作贯穿于大学四年之中，让就业指导教育工作融入大学生思政教育中去，让每一名学生在大学期间都能够树立正确的价值观念。只有让学生端正价值观，才能够使其在走入社会后增长本领，能够正确认识到自身能力与社会需求的关系，在找工作时持有积极态度，摒弃消极态度，找到一份相对满意的工作。

第六节　端正大学生就业观的路径

端正大学生就业观，在大学生就业中发挥着至关重要的作用。大学生树立科学的就业观念，有利于社会经济发展和家庭和睦。大学生树立正确的价值观，需要政府、社会、家庭、学校等各部门的通力合作，这样才能使大学生养成科学、多元、理性的价值观。

一、加强大学生就业思想政治教育

大学生就业思想政治教育是高校开展好大学生就业工作的基本保障，也是完善大学生就业工作体系的重要前提。大学生就业观的树立需要多方的共同努力，对于高校教育工作者来说，做好大学生思想政治教育工作是重中之重。就业教育与思想政治教育是不分家的，做好大学生思想政治教育是重要的前提保障。高校教育工作者在推进就业工作时，要切实从思想政治教育的角度切入，帮助学生从大一开始就树立正确的就业观，明确就业目标，能够对未来有清晰的规划，在遇到问题时积极主动寻求解决的办法，一直处于一种积极向上的状态，并在不断的进步中动态地调整规划目标。"就业＋思想政治教育"是开展好大学生就业工作的必由之路，只有大学生的思想政治观端正了，才能够畅谈就业观。提高就业指导工作的覆盖面，就业工作不是只针对毕业生的，应该从大一时就引导新生树立正确的价值观，帮助学生正确认识职业生涯规划的重要性。针对大二的学生进行综合素质的培养，如爱国主义教育、心理健康教育、人际交往教育等。针对大三的学生进行创新创业教育，通过参加学科竞赛、到用人单位实地走访，挖掘学生的兴趣点，不断增强大学生的职业生涯规划和就业指导工作（杨飞，2021）[111]。到了大四，要及时进行分类和分层教育，开展有针对性的就业指导二作，使学生了解就业市场的实际情况，从制作简历、面试等方面开展就业指导工作，让学生多走出学校，走到用人单位进行实习实践，在实习中了解用人单位对人才的需求，也使学生了解自身能力与用人单位需求之间的差距，能够更加清晰未来的努力方向。

二、引导大学生树立多元就业观

面向未来，以发展的眼光选择就业。俗话说，人往高处走，水往低处流。经历了寒窗苦读的莘莘学子，想方设法尽己所能谋求一份相对稳定、待遇较高、前景较好的职业，这本无可厚非，但若过于挑剔，一门心思纠缠在考公务员、考事业编、进国有企业上，则很容易错过许多难得的就业机会，与一些合适的岗位失之交臂，尤其是在当前高手云集的情况下。谁也不能够保证考公、考编就能成功上岸，胜出的总是少数人，这种时候，摆正心态就显得尤为重要。尤其是在人工智能、物联网等新兴技术的迅速发展下，大学生要开阔眼界，多方式就业。在投简历或者面试时，如果用人单位拒绝给你 offer，这未必是一件坏事，看你如何看待，在这种情况下，我们更应该将自身能力与社会的实际需求相结合，将眼光放长远，以理性的心态看待就业，树立多元的就业观，到就业市场上寻找更合适的工作。对于高校毕业生来说，应该树立多元的就业观，不应该只看重一种类型的工作，准备多份简历，能够使自己有的放矢，不管外部环境如何变化，都能够从容应对。

三、全面提高个人能力素质

凡事预则立，不预则废。大学生面对严峻的就业形势和多样的就业环境，要想赢得就业先机，就必须注重自身各种能力的培养，提前做好就业准备。首先，应培养健全的人格品质。一个优秀的大学毕业生应具备自强、自信、忠诚、敬业、好学、团队精神和大局观念等基本品质。个人的意志品质在走上工作岗位后是至关重要的，只有拥有健全的人格品质，才能够在各种工作中抢占先机。因此，高校大学生应严格要求自己，培养健全的人格品质。其次，大学生应注重学习专业知识和锻炼创新能力。专业知识是大学生个人能力素质的重要组成部分，同时也是用人单位在招聘时比较看重的一个方面。如果没有好的专业知识素养，将来就难以处理工作中遇到的复杂情况，所以大学生应将提高自身专业知识能力摆在突出位置。同样，创新能力也是个人能力素质的重要组成部分。创新能力往往是企业比较看重的部分，拥有创新能力的大学生能够在工作中如鱼得水，在已有的工作岗位上做出创新性突破，使自己在就业中不断获得正能量。创新能力不是一蹴而就的，需要大学生在日常工作中培养创新思维和创新能力，在新的工作岗位上不断摸索，创造性地完成工作，提高工作效率。再次，培养实践动手能力。"纸上得来终觉浅，绝知此事要躬行"的古训告诉我们，实践动手能力是大学生必备的一个能力。很多大学生在校期间成绩优良，到了社会上却举步维艰，这就是因为他们严重缺乏社会实践动手能力，而用人单位恰恰最看重的就是实践动手能力。最后，提高人际交往和沟通能力。大学生提高自身能力时，应为职场上的长远发展打好坚实的基础。只有对职场规则有深入了解的人，才能使自己处于一个比较清晰的状态，在职场上如鱼得水，良好的人际交往能力和沟通能力是职场能力中不可或缺的（张宗芳，2020）[72]。

四、发挥高校教育工作者引路人的作用

高校教育工作者作为高等学校从事德育工作、开展大学生思想政治教育的骨干力量，是大学生健康成长的指导者和引路人。高校应着力打造一支既了解就业工作业务又能够把握思想政治教育规律的教育工作者队伍。高校教育工作者平时应特别关注大学生的思想、学习、心理和生活状况，组织开展有针对性的就业活动，帮助高校大学生不断提高综合能力，正确认识自己，客观评价自己，调整好就业心态，树立正确的世界观、人生观和价值观，从而形成科学的、多元的就业观。同时，高校教育工作者要积极与有关职能部门配合，将就业指导和思想政治教育贯穿和渗透到教学、管理、服务等各项工作中，增强就业指导的针对性和实效性（张亚锋和郭萍倩，2012）[85]。高校教育工作者开展就业工作时，要切实将就业与思想政治教育工作相结合，更重要的是要端正大学生的就业观念，让学生在大学期间就能够重视就业，在日常的学习中培养各项能力，提高自身的竞争优势，让学生在走出学校后，能够在就业大军中占有先机和优势，这就需要高校教育工作者在平时的工作中，做好引路人的工作，让学生的出口更广、选择更多。

五、注重大学生家庭就业观教育

高校不仅要重视培养大学生的就业技能、增强大学生就业竞争力，而且要加强大学生就业观念教育。除在学校中与老师、同学朝夕相处外，家庭成员是与大学生接触时间最长、对其影响最深的人，因此，注重大学生家庭就业观的教育也是十分必要的。家庭对于大学生的就业观念影响非常大，除了大学生本身就业观的教育，还要通过多种途径加强对其家庭成员就业观念的教育。大学生的父母及家庭成员的传统就业观念具有其特定的时代背景，有些已经不能适应当前的社会实际需求，需要通过各种形式帮助其树立符合新时代特征的就业观，以此对大学生的就业观进行正确引导（朱梅彩等，2021）[63]。家庭就业观的形成有其特点，与父母的就业价值观等密切相关，大学生会受到家庭就业观潜移默化的影响，这种影响是深远的。因此，高校在平时除了对大学生进行就业观的教育，还应该重视大学生背后的家庭就业观的教育，可以通过发放就业宣传册、与家长电话沟通学生的学业情况等进行就业观的宣传，为家长传递一些与当前社会实际需要相一致的就业观，通过家校合作的形式，促进大学生树立正确的就业观。大学毕业生步入社会后，能够以正确的心态面对社会上的各种就业现象，学会及时处理各类就业情况，使自己在就业大军中既有家庭的支持，又有学校和社会的支持，始终让自己处于良好的择业环境中。

第五章　大学生就业能力

就业单位除注重应聘者基本的条件外，最看重的就是大学生的就业能力。大学生的就业能力是大学生能否顺利就业的一项重要指标，决定着大学生的未来发展，因此，深入探究大学生的就业能力是至关重要的。

第一节　大学生就业能力的概念

国外对大学生就业能力的研究起步较早，就业能力这一概念最早由贝弗里奇（Beveridge）于 1909 年提出（贾利军，2007）[112]。Feintuch（1955）[113] 也对就业能力进行了详细定义。其后国内外学者对就业能力进行了大量的研究。不同的研究者从不同角度探究了大学生的就业能力，形成了丰富的研究成果。

Hillage 和 Pollard（1998）[114] 认为，就业能力是获得最初就业、维持就业和必要时获得新的就业所需要的能力。就业能力取决于个体所拥有的知识、技能和态度等资本的存量、运用和部署这些资本的方法、对潜在雇主展示这些资本的能力以及个人的运作间（如劳动力市场、个人环境等）。Thijssen（2008）[115] 在归纳国外众多学者对就业能力概念界定情况的基础上，将学者们对就业能力内涵的界定分成三类：核心界定、广义的界定和泛化的内涵界定。核心界定指劳动者在特定的就业市场环境中能够胜任特定岗位的潜力，涉及个体的综合素质和就业意愿等因素。广义的界定包含了决定劳动者将来在某个既定就业市场中的坐标及成就的所有特征。泛化的内涵界定则是把各种相关因素和环境条件加了进来，不仅包含决定个体在劳动力市场上位置的所有的个体特征，还包括其他的所有相关因素。Bennett 等（1999）[116] 认为，大学生就业能力的构成要素包括学科内容知识和学科技能、工作意识和工作经验、通用技能。Denise Jackson（2013）[117] 认为，大学生就业能力的构成要素包括三点：非技术性能力和技术性能力、职业管理能力、生活和工作经验。Green（2013）[118] 认为，就业能力有狭义和广义之分。从狭义上看，就业能力是获得工作所需的个人能力和对特定工作的适应能力，这种适应能力使大学生能够识别就业机会并成功就业。从广义上看，就业能力是成功获得工作、维持和提升现有职业所需的能力。Riebe 和 Jackson（2014）[119] 认为，就业能力是大学生创造性地将学科知识有效应用到工作中的能力，这些能力包括批判性思维能力、沟通能力、解决问题能力和团队合作能力。越来越多的学者对大学生就业能力进行了深入的研究，研究成果也越来越有代表性。Yorke 和 Knight（2004）[120] 提出了使广大学者接受的大学生就业能力的概念，认为就业能力指大学生获取信息并不断提高自己的能力和个人特质，能使自己更容易就业，进而获得职业成功，这一定义将大学生的个人特质纳入进来。Phillip Brown 等（2003）[121] 认为，在知识经济社会中，就业能力不单是个人获得工作所需的各项能力，就业能力还与劳动力市场等其他因素密切相关，受劳动力市场、国家经济形势等因素的影响，就业能力较强的大学生也有可能处于待业状态，于是将就业能力定义为大学生找到和维持不同类型工作的相对能力。Oliver 等（2010）[122] 认为，大学生就业能力是指大学生在工作和生活中成为有效经营者的能力。在一个多元化和不断变化的世界中，大学生能够采取有效措施和适当行动与他人共同工作和生活，并从自己和他人的经验中不断反思和学习。Kumari 等（2015）[123] 认为，大学生就业能力由以下三部分构成：①基本的学术能力，如阅读和写作能力等。②个人素质，如自信、诚实、正直、自我激励及自我管理。③高级能力，如领导能力、计划和管理能力。

就业能力的主体是个人，因此就业能力应该是个人所具有的知识、技能、态度等因素的集合，而不应该包含环境因素和外部条件，这些因素会影响就业结果，但这些因素本身不应该包含在就业能力的范畴之中（李军凯，2012；王磊和刘瑛，2017）[124][125]。程志玲（2009）[126] 认为，大学生就业能力与工作职业相关，表现为在求职过程中能得到认可并能胜任工作，能够面对工作场所和环境的不断变化，是可动态发展的能力素质，具有可培养性。谢娟（2012）[127] 认为，大学生就业能力是大学毕业生顺利完成就业的各个环节，并最终实现满意就业的能力和素质。邵宏润（2011）[128] 认为，大学生就业能力是毕业生获得一份令自已满意的工作所需要的各种技能和能力。卢鹏鹏（2011）[129] 认为，大学生的就业能力是大学生毕业时能够顺利找到工作、保持工作并在必要时获得更符合自身发展的更好的工作机会的能力。黄金玉（2014）[130] 认为，大学生就业能力是指大学本科生通过在校期间的知识学习和实践具备的使其能够获得职业、保持职业和取得职业发展成功的各种知识、技能和态度等的整合。

综上所述，大学生就业能力是和职业发展相关的综合能力，不仅包含获得工作的能力，还包含可持续地保有工作和成功发展的能力（程玮，2016）[131]。大学生就业能力不仅指大学生毕业后初次就业所需的能力和个人特质，还包括大学生建立良好的职业生涯、有意义地参与社会生活所需的个人特质和各项能力。同时，大学生就业能力还受外部因素如劳动力市场、社会资本等的制约。大学生就业能力是一个内涵丰富、动态发展的概念，与此相适应，大学生就业能力构成要素也不断丰富和发展。大学生就业能力的构成要素一般包括学科知识能力（如听说读写能力等）、个人素质（如诚实正直、自信、承受压力的能力等）及通用技能（如团队合作能力、人际交往能力、创新能力及适应能力等）（王新俊和孙百才，2018）[132]。

第二节　大学生就业能力的影响因素

学术界有关大学生就业能力影响因素的研究已相当成熟，但研究角度不统一，由于外在的环境是动态的，影响因素也较多，已有研究既有定性研究，也有定量研究。

定性研究方面，葛阳认为，影响大学生就业能力的因素有社会资本的过多介入、就业价值导向单一化等。陈勇认为，影响大学生就业能力的因素有个人层次、组织层次以及高校外部利益相关者和宏观层次因素。汪磊和吕佳（2021）[133] 从大学生性别、生源类型、社会经历、获奖经历、职业规划经历及受资助、学生工作经历及其任职时间、所学专业类型等不同的角度深入探讨了这些因素对大学生就业能力的具体影响，在此基础上，提出提高大学生就业能力的具体策略。

定量研究方面，李军凯（2012）[134] 以 2012 届高校毕业生为研究对象，对全国范围内不同类型的 141 所高校进行问卷调查，这些高校分布于华北、华东、华中、华南、西南、西北、东北七大地区。他以发放网络调查问卷为主要的调查方法，通过收集问卷的形式进行一手数据的收集，运用统计分析软件 SPSS 对已有数据进行分析，通过实证研究发现，大学生就业能力结构模型包含 5 个因子，分别是专业能力、人际影响、分析思考、职业认同和个性品德。就业能力在性别、年龄、生源地区、学校类型、专业类别和社团干部级别等方面无显著性差异，而政治面貌、学历层次、学生干部级别、实习单位声望、实习单位评价以及参与就业指导情况等因素会对就业能力产生显著影响。彭树宏（2014）[135] 在文献整理、个体访谈和专家座谈的基础上编制了大学生就业能力调查问卷，利用初试问卷对位于南昌市的江西财经大学、南昌大学、江西师范大学、江西农业大学和华东交通大学 5 所高校的 250 名 2013 届本科毕业生，以班级为单位进行了调查，利用统计分析软件 SPSS21.0 对初试问卷的大学生就业能力量表进行项目分析、探索性因子分析和信度检验；利用统计分析软件 AMOS21.0 对再试问卷的大学生就业能力量表进行验证性因子分析；利用统计分析软件 Stata12.0 对大学生就业能力的影响因素进行回归分析，通过实证研究发现，就业能力结构模型包含获得就业和维持就业两个一阶因子。其中，获得就业能力包含自我营销、知识、计划与组织和沟通四个二阶因子；维持就业能力包含责任心、自我管理、科学思维、信息获取与利用和自信五个二阶因子。用计量经济模型对大学生就业能力的影响因素进行实证检验发现，家庭收入对大学生就业能力有显著的正向影响；大学期间的社会实践活动和工作实习对大学生就业能力有显著的正向影响，而专业知识的学习对大学生就业能力的提升并无助益。彭树宏（2014）[135] 提出，当前要特别关注低收入大学生就业能力的提升，在大学教育中，要特别重视社会实践活动和工作实习，以此提升大学生就业能力。宋齐明（2017）[136] 基于毕业生追踪调查，分析了当前我国大学生就业能力培养的现状和影响因素，将就业能力指标分为知识掌握、认知性技能、组织胜任技能、职业态度四个维度（屠辛霞和张玫，2020）[137]。研究发现，课外支持因素对各类就业能力的培养都有着突出的影响，而课程和教学因素只对知识掌握有较强的作用；实习效果和学生投入因素亦不同程度地影响就业能力培养，并且实习效果不佳是工科类学生就业能力培养不足的重要原因。潘玮（2020）[138] 针对大学生就业能力的影响因素设计了问卷，其中包含 10 个因素的 26 个指标。问卷中涉及的问题除前四道基本信息题外均使用李克特五点量表法。问卷的初稿为 29 个问题，先进行了预测试，在小范

围内抽取了40个样本进行调查，修改后最终确定为30个问题。通过发放调查问卷的形式收集一手数据，利用统计分析软件 SPSS 进行数据分析，实证研究结果表明，大学生就业能力的影响因素有个人观念、实际工作学习能力、长相、就业歧视、国家政策、社会资本、高校政策。郭欣（2017）[139] 通过实证研究方法，得出大学生就业能力的影响因素有专业就业能力（知识应用能力、学习能力、创新能力、逻辑分析能力）、就业人格取向（职业责任感、敬业、积极乐观）、社会应对能力（语言表达能力、人际交往能力、团队合作能力、抗压能力）和就业发展能力（信息收集能力、自我展现能力、就业决策能力）。

由此可以看出，大学生就业能力的影响因素在不断丰富和扩展，主要集中在两方面：一是关注学生个体因素，如性别、年龄、生源地、家庭经济资本、社会资本和文化资本等先赋性因素；二是考量院校培养、学生参与经历等后致性因素在大学生就业能力培养中的影响。关于学生个体因素在其中的影响效应，性别差异、城乡差异等在实证结果中得到了支持，但也有研究发现，个体因素在就业能力中无显著差异，进一步验证了招聘中以性别、年龄、生源地等外在条件为限制的就业歧视是毫无根据的（李军凯，2012）[134]。这与以往有些学者关于大学生人口统计学变量对就业能力的影响的研究结论有所出入。究其原因，就业能力是一个多层次、多维度的复杂系统，能力是在实践中形成和发展起来的，不能简单地关注学生的背景特征。如何在高等教育中通过学生参与经历来提升就业能力，更是亟待思考和回应的问题（徐素珍和文静，2021）[140]。关于院校培养、学生参与经历在大学生就业能力中的影响，已有研究从不同方面论证了其重要作用。有研究指出，大学生就业能力归根结底是人才培养模式问题，高校要从人才培养的战略高度培养具有较强就业竞争力的大学生（王爱萍，2011）[141]。同时，众多研究表明，课堂教学、同伴互动、社团活动、志愿服务、社会实践与实习等课堂内外活动对大学生就业能力的开发与提升起积极的促进作用，尤其是越来越多的研究关注到"双习"（学习和实习）活动对大学生就业能力提升的作用（徐素珍和文静，2021）[140]。

还有学者从单一角度深入剖析了大学生就业能力的影响因素。张瑞（2017）[142] 研究学习投入对大学生就业能力的影响机制，同时加入学业成就这一中介变量，更好地从人力资本存量方面进行分析。通过理论分析和实证研究相结合的方法探讨大学生学习投入中的行为投入、情绪投入、认知投入对大学生职业获得能力和职业发展能力的影响，找出对大学生就业能力有积极影响的投入。

尽管有关大学生就业能力影响因素的研究已相当成熟和丰富，但大部分研究集中于个体因素和院校培养因素，忽略了大学生所处的就业环境这个动态的影响因素，尽管环境是实时变化调整的，但并不影响对大学生就业能力影响因素的深入研究，尤其是运用新的研究方法进行影响因素的探讨成为新的趋势。在未来的研究中，应该更多地关注大学生就业的现实，重视群体差异，突出质性研究与量化研究的融合。

第三节　大学生就业能力的特点

从近几年大学生的就业现状来看，大学生的就业能力较为良好，具有较大的发展空间和潜能。

一、大学生就业能力具有专业性

专业知识技能是大学生就业能力结构中的关键性要素，它是在学校教育者的指引下逐渐形成的，学生通过日常学习和训练，习得操作技能和提升思维能力，这是大学生就业能力的重要组成部分。大学生在读期间，通过专业教师的系统指导训练，不断对专业知识和技能进行掌握，使其形成特有的能力和素质。现如今，专业知识技能是一个人就业的前提条件，这也是现代社会对从业者的基本要求。在当今市场经济环境条件下，专业知识技能逐渐成为了大学生就业成功与否的关键性因素，因此专业知识技能是大学生就业能力的核心要素（徐远，2015）[143]。大学生就业能力具有专业性，这也意味着大学生需要掌握更多的专业知识，专业知识也是找工作过程中的基本组成要素，是就业市场中的敲门砖。大学生就业能力的专业性要求大学生在校期间要学好专业知识，多参与专业性的实习实践活动，让自身在所学的专业领域多涉猎专业知识和专业技能，能够适应社会的发展需求，在专业领域内掌握一些专业化的技能，及时适应社会和企业的发展需要，努力提升自身的就业竞争力，这样在走上工作岗位后才能如鱼得水。

二、大学生就业能力具有动态性

当前，社会、经济、技术等外部环境是不断发展变化的，大学生的就业能力也会随着外部环境的变化而进行调整，因此，大学生就业能力具有动态性，主要体现为社会大环境的不断变化，为适应外部变化的环境，大学生需要不断对自身具备的能力进行调整和培养，大学生只有适应社会的发展变化，才能够在就业大军中拔得头筹。不同的大学生具有不同的心理特点，一个人的性格、个性、态度以及气质等都是心理特点的表现，在培养就业能力的同时，表现出来的个性、态度等会有所不同，这些特性也会因所处的大学阶段不同而不同，大学生在校期间培养的就业能力会随着各种内在因素和外在环境的不同而有所差异，因此，大学生的就业能力具有动态性。近年来，由于高校扩招政策的不断革新，大学毕业生的人数与日俱增，在经济全球化的今天，严峻的就业形势给高校就业工作人员增加了新的压力，面对机遇与挑战并存的局面，高校的就业指导人员就应该转变传统的教育理念，为大学生的未来发展创造良好条件（徐远，2015）[143]。只有适应社会发展和大学生需要的就业指导教育工作，才能及时把握当下的就业形势，让大学生在不断调整的外部环境中培养动态的就业能力，在应聘中处于竞争优势地位。

三、大学生就业能力具有竞争性

创新开发能力是大学生就业能力结构中的创造性因素，因为创新是人类社会不断进步的体现。2010年我国提出了"坚持能力为重"的思想。学校教育要不断优化知识结构，培养学生的社会实践能力和创新学习能力。创新开发能力是大学生的重要素质要求，拥有创新精神和创新思维能提升大学生就业的竞争力。创新开发能力能够使大学生实现就业与展现自我价值得到完美统一（徐远，2015）[143]。创新开发能力是使大学生具有竞争性的关键能力，也是企事业单位在招聘中比较看重的能力。大学生就业能力的竞争性不仅体现在大学生是否具有一项就业能力，更体现在某一项竞争能力的强弱上，该项能力越强，竞争优势越大。高校教育工作者在开展大学生职业生涯规划和就业指导工作中，应该注重大学生个体的特征，大学生自身的优势是提高就业能力的重要一环，也是使大学生在就业市场中具有竞争优势的重中之重。针对不同阶段的大学生，应该结合他们的个性和发展特点，开展有针对性的就业指导工作，将专业实习实践、面试指导等融入大学生就业能力的培养中，让大学生在校期间就能够根据自身的优势，培养出具有竞争优势的就业能力，从而在就业市场中处于优势地位。

四、大学生就业能力具有综合性

大学生的就业能力不仅包括专业技能、知识技能，还包括人际技能、沟通技能、解决问题的能力等，具有综合性。从某种意义上讲，人才培养工作的首要任务是培养大学生高尚的思想道德素养，思想道德水平的高低在很大程度上影响着知识水平和工作能力发挥的程度（邱晶晶和马睿，2011）[144]。高校在培养大学生综合就业能力时，要注重教育内容和教育形式的统一，在教育教学、实习实践等方面发力，培养大学生的综合能力，这对大学生走上工作岗位大有裨益。大学生就业能力的综合性也体现在应聘中，我们能够根据自己已有的规划制作几份不同的简历，针对不同的岗位需求投简历，在这个过程中也需要大学生具备综合性的就业能力，能够与岗位需求匹配、适应社会的大环境。专业技能强、基础理论知识扎实是每一个用人单位渴望的人才标准，也是大学生就业能力综合性的体现。作为大学生，应该在日常的学习、生活中不断地丰富自身的就业能力，培养兴趣、技能和才能，在专业学习的基础上，积极主动走入社会进行实习实践，这是提高自身综合素质的重要途径。

第四节 大学生就业能力的已有研究

大学生是我国宝贵的人力资源，高等教育是对大学生进行人力资源开发的重要形式，而就业则是人力资源配置的重要方式。对大学生人力资源的开发和配置，关系到高等教育事业的兴衰成败和可持续发展，关系到国家的经济建设以及社会的和谐稳定。近年来，随着高等教育规模的不断扩大，大学生就业难问题日渐突出（李军凯，2012）[134]。总体上看，大学生竞争力越来越强，但是也不难看出，大学生的就业能力有所差异，很多大学生之所以能够找到满意的工作，很大一部分原因与自身的就业能力有关，因此，在当前环境下，研究大学生就业能力是非常有必要的。

一、提高大学生就业能力的意义

新时代下，大学生的就业问题是对社会发展态势的一种反映，而大学生就业能力则是社会对高校人才培养质量的一种考量。因此，在当前的社会时代发展背景下，高校应针对大学生的就业问题进行全面的研究，审视提高大学生就业能力的现实意义，为大学生的就业发展指明方向。

（1）提高大学生就业能力是提高就业满意度的重要前提条件。大学生能否顺利就业主要取决于社会的需求和大学生自身的能力素质。这两个方面虽不是大学生就业指导可以直接影响和瞬间转变的，但就业指导可以帮助大学生用正确的价值观、道德标准和行为规范参与求职择业活动，可以为大学毕业生提供准确的社会需求信息和就业形势分析（刘志林和孙小弟，2009；姜启波和郭威，2009；余少伟和刘少锴，2010；格日勒，2013）[145-148]。俗话说，打铁还需自身硬。在就业过程中，大学生只有切实提高自身的能力素质，才能够在就业中更大程度上做到人职匹配，使自己在就业市场中处于优势地位。大学生择业是人生的关键问题之一，它直接影响到个人的前途和发展（余修日等，2007）[149]。因此，职业的选择既是对未来发展成才道路的选择，更是对人生未来幸福的选择。对初入社会的大学生来说，经验不足、职业目标不确定，容易在选择职业的过程中犹豫不定、走弯路，甚至找不准自己的发展道路（沈爱平和南东求，2012）[150]。提高自身各方面的能力素质恰好可以使自己时刻把握主动权、选择权，能够在择业的过程中，由于各方面的能力比较突出，而拥有更多选择的权利，从而找到合适的工作。

（2）提高大学生就业能力是时代要求。高等教育院校是为社会输送就业人才的场所，是为经济建设发展输送专业人才的重要阵地。高等教育体制改革带来的大学生人数的激增使就业市场竞争日趋激烈。同时，随着我国改革进入深水区，经济社会发展由高速度向高质量转变，物联网及智能化等科技创新型行业快速发展。就业市场对于人才规格和素质能力的要求也在不断地发生变化，社会对中高层次人才的需求激增。提高大学生就业能力是社会新就业形势和新经济形势向高校提出的时代要求（付晓娜，2023）[151]。大学生就业能力是其就业的敲门砖。当前，为适应新的发展需求，大学生应该在沟通技巧、解决问题能力、技术能力等方面不断地完善和提高自己，只有不断地提高自身各方面的能力，才能够在就业大军中处于优势地位。面对严峻的就业压力，大学生在求职过程中所产生的恐慌、焦虑等心理问题日益突出，高校大学生只有掌握一定的心理健康调解能力，才能在就业季调解好自身所面临的就业压力，正确看待就业问题，在大学学习阶段不断提高就业能力，上好职业生涯和就业指导课程，做新时代的优秀大学生。

（3）提高大学生就业能力是高质量充分就业的内在要求。提高大学生就业能力是高校毕业生顺利实现就业的重要法宝，是提高高校就业率和就业质量的有力保障。就业位列"六稳""六保"之首。"十四五"时期，实现高质量充分就业是推动社会经济高质量发展以及促进现代化建设进程的内在要求。近年来，高校毕业生人数连年攀升，就业压力持续存在。提高大学生自身就业能力可以有效指引大学生依据当前就业形势、专业特长和性格特征等做好人生规划，树立正确的人生观和就业观。利用大数据技术为毕业生精准推荐充足的人职匹配度高的职业岗位，提高大学毕业生人力资源的合理配置，更好地满足产业转型升级及高质量发展的需求，促进毕业生实现高质量充分就业（付晓娜，2023）[151]。新时代下，提高大学生就业能力，让大学生得到更好的就业，促使每一位大学生都可以找到自己心仪的工作，在工作中收获成就感，这充分体现出了高校的教育价值，从而为国家和社会源源不断地输送优秀人才。

二、大学生就业能力的现状调查

近年来，高校毕业生就业人数持续增加，再加上经济发展的影响，就业市场和人才需求结构发生了明显的变化，毕业生就业形势依然严峻。了解大学生就业能力现状，是做好提高大学生就业能力策略研究的前提条件。

（1）基础能力与专业能力有待提高。随着社会环境、技术环境、经济环境的不断发展变化，越来越多的大学生面临着就业难的问题，归根结底，大学生就业到底难与否，与他们的就业能力有很大的关系。当前，高校大学生基础能力与专业能力有待提高，尽管大学生已经在在校期间不断地提高自身各方面的能力，但是由于实践机会较少，导致基础能力不强，尤其是部分理工科的学生，在起草方案、撰写总结报告等方面还处于起步阶段，对基本的报告格式、书写格式等规范还有待进行深入了解和学习（王英杰，2021）[152]。随着人工智能、物联网等信息技术的不断发展，大学生在课堂上学习的部分内容显然落后于用人单位的需求。在课程方面，一些课程重理论轻实践，缺乏实践技能的引导，学生不能很好地领会和理解相关知识，尤其是需要动手实践的相关学科，这导致学生在实践技能方面比较欠缺。部分高校在培养方案的设置上循规蹈矩，缺乏一定的社会实践经验，不能更好地贴合时代的发展。在教育教学方面，大部分教师没有专业的工作经验，只注重对学生基本知识的传授，学生无法从教学中获得前沿的、一流的专业知识和技能。众多的原因导致大学毕业生的基础能力与专业能力不足，从而导致供需不平衡，很多高校毕业生在就业市场中不能找到适合自身能力的工作。

（2）素质能力有待提升。很多大学生不能够正确认识自己，当自身就业能力与就业市场的需求不一致，且无法满足就业市场的需求时，部分学生往往不从自己的身上找原因，而是抱怨不断，自我感觉良好，对自己没有清晰的定位，不愿意从事基础性工作，也不愿意到基层工作，自身的就业预期较高，从而导致就业失败。当前，对于多数大学生来说，大学阶段的学习生活既单纯又有保障，无论是学习还是生活以及人际沟通，所在的环境都比较单一、规律，校园里的生活与毕业后的生活存在一定的差距。再者，随着我国社会经济的不断发展，学生的家庭经济条件越来越好，部分学生在面对家庭突发变故、没有顺利就业或其他影响因素时心理承受和调节能力较差，出现情绪偏激、心情失落甚至抑郁等问题（王英杰，2021）[152]。更有甚者会自暴自弃，害怕竞争，选择逃避现实，沉迷于游戏的虚拟世界，从而耽误学业，导致在校期间专业能力和综合素质都没有明显提升，择业时处于迷茫和被动状态，没有足够的信心和实力来实现就业（宗亚玲，2022）[153]。在求职的过程中，大学生的沟通能力也是用人单位比较看重的一个方面，很多大学生性格内向，不善于与人沟通，缺乏良好的沟通能力会使他们丧失很多就业的机会。

（3）职业生涯规划意识淡薄。很多学生在大学期间不能够认真学习大学生职业生涯规划和就业指导课程，对相关就业课程较抵触，不能引起重视，总觉得自己还不到毕业的时间，这些与自己无关。因此，部分大学生在毕业时面对人生选择和就业压力会感到迷茫，对自己的未来没有规划。还有部分学生对自己的职业生涯虽然有一定的规划，但不清晰、不完全。因此，就会出现学生对现阶段的就业形势不了解、就业观念滞后、制定的职业目标不够合理、就业准备不充分、自我定位不清晰、就业期望过高等情况。同时，应聘策略与技巧不能在应聘时得到很好的运用，如个人简历千篇一律、无特色，一份简历打天下的现象比比皆是，职业概念模糊、缺乏自我规划，对自己想从事的职业不能做到提前了解，职业规划意识淡薄。大学生职业规划应该是动态调整的，但很多高校大学生都不能够充分地认识到这一点，大部分学生在上完职业生涯规划课后，将职业生涯规划书抛于脑后，不再拿出来根据自身的能力、就业需求等进行动态调整，使他们在就业的过程中处于被动的地位，在找工作过程中不能掌握主动权，原因就是就业意识淡薄，如果能够尽早重视职业规划，拥有职业规划意识，那么在找工作时就会有更多的优势。

三、大学生就业能力的相关研究

通过对国内外有关大学生就业能力研究的文献进行梳理发现，当前，对大学生就业能力的研究主要集中于大学生就业能力模型、OBE 理念下就业能力培养等方面。

（一）大学生就业能力模型

为了进一步解释就业能力构成要素之间的动态关系，揭示不同构成要素之间相互联系相互作用的机制，国外学者从不同角度构建了大学生就业能力模型，其中包括二维、三维、四维和多维模型。

1. 二维就业能力模型

二维就业能力模型认为，就业能力是两种要素的集合体。二维就业能力模型中有代表性的是杰克逊的就业能力迁移模型（Model of Graduate Employability Incorporating Transfer），该模型认为，大学生的就业能力是大学生将在大学里获得的非技术性技能（Non-technical Skill）成功迁移到工作中的能力。非技术性技能是指人际关系能力和认知技能，具体包括团队合作能力、决策能力、领导能力、管理能力和沟通能力等。非技术性技能的迁移分为两个阶段（Denise Jackson，2013）[117]。具体如图 5-1 所示。

2. 三维就业能力模型

三维就业能力模型认为，就业能力是三种要素的集合体，有代表性的三维就业能力模型是富盖特的就业能力启发模型。就业能力启发模型认为，就业能力是一种心理—社会结构，就业能力是职业认同、个体适应能力、社会及人力资本三要素的多维集合体（Fugate et al.，2004）[154]。具体如图 5-2 所示。

3. 四维就业能力模型

四维就业能力模型认为，就业能力是四种要素的集合体，有代表性的四维就业能力模型是奈特和约克的 USEM 就业能力模型（Yorke & Knight，2004）[155]，此模型也是当前学界研究常用的就业能力模型。具体如图 5-3 所示。

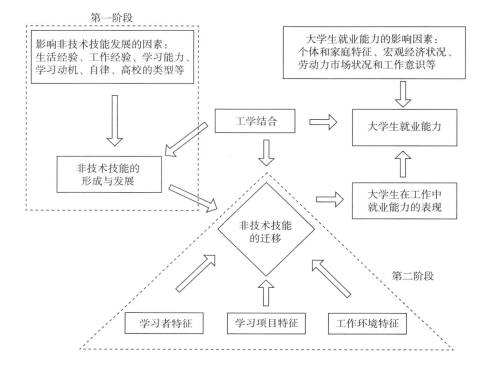

图 5-1　杰克逊的就业能力迁移模型

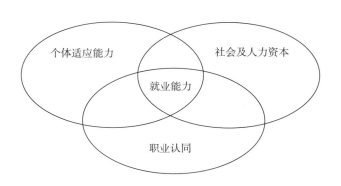

图 5-2　富盖特的就业能力启发模型

4. 多维就业能力模型

多维就业能力模型认为，就业能力是多种要素的集合体，具有代表性的多维就业能力模型是普尔的"CareerEDGE"就业能力模型（Lorraine Dacre Pool & Peter Sewell，2007）[156]。具体如图 5-4 所示。

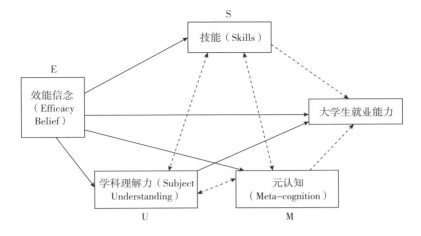

图 5-3　奈特和约克的 USEM 就业能力模型

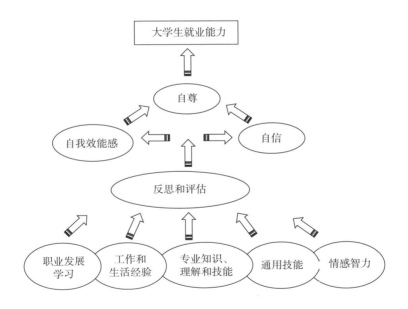

图 5-4　戴克·普尔的就业能力模型

综上所述，国外学者对大学生就业能力模型研究的侧重点各不相同，奈特和约克的 USEM 就业能力模型、杰克逊的就业能力迁移模型、普尔的"Career-EDGE"就业能力模型侧重于研究大学生在读大学期间就业能力的培养，为高校培养大学生就业能力提供理论指导。富盖特的就业能力启发模型侧重于研究大学生工作后就业能力的可持续发展，为雇主培养大学生就业能力提供理论指导。这些模型的共同之处在于探索大学生就业能力各要素之间的相互联系和动态作用机制，为大学生就业能力的培养提供理论框架（王新俊和孙百才，2018）[132]。

（二）OBE 理念下就业能力培养

大学生只有在校期间努力学习专业知识，提升自身综合素养，才能更好地实现自我价值，实现就业能力的提升。但是，受各种内外部环境因素的影响，我国相当一部分大学生缺乏一定的就业能力，不能满足就业岗位的实际需求。当前，大学生的就业问题也越来越严峻，甚至发展为一种社会普遍问题。要想改善这一问题，就需要以 OBE 理念为指导，采取相应的措施来重点培养和提升大学生的就业能力（刘威岩和展鹤，2021）[157]。

1. OBE 教育理念的研究

始于 20 世纪初的 OBE（Outcomes-Based Education，基于成果导向的教育）理念，由美国学者斯派蒂（William G. Spady）于 1981 年提出，这是一种以成果为导向的教育模式，包含以学生为中心、成果导向、持续改进三个要素，可以理解为"以终为始"，在大学生培养方面具体表现为根据市场需求来反向设计人才培养方案，而并非直接根据现有的教育理论和经验来设置课程。课堂的组织形式不再是固定的，而是取决于教师和学生的需要。在人才培养标准的设置上，不再以少数人的成功而是以所有学生的成功为标准导向。课程考核的侧重点不是考试与测验的结果，而是学生学习效率或能力的提高，从而使学生达到毕业前的最高水平（Harden，1999）[158]。

OBE 理念提出后被欧美国家和地区广泛运用。比较典型的成果有美国的工程课程计划与认证标准 EC2000、欧盟动态环境课程规划、美国西部学校与学院教育联盟（Western Association of Schools and Colleges，WASC）的"学生学习成果本位评估模式"等，对课程发展模式、课程改革及教育认证与评价等的进步发挥了较大的作用（阮红芳和张俊，2022）[159]。

2. 树立 OBE 就业能力培养理念

就业能力不是单一的寻找工作的能力或面试的能力，而是集合了工作岗位需求的专业能力、求职能力、应变能力、综合能力及到岗后的适应发展能力、组织协调能力、处理问题的能力等。因此，需要围绕就业中心点，树立教育培养与专业、职业、就业相结合的教育理念，填补就业培养、专业教学、个性化就业与统一就业指导、人才培养、岗位需求之间的缝隙，加强实践实训，提高大学生就业能力。

目前，国内高校的课程体系设置多为大一和大二开展职业生涯规划教育，大三和大四开展就业创业课，或者只设置其一，而且多流于形式，部分高校出现照本宣科的现象，相对于追求就业率来说，就业能力培养的理念较为淡化，就业课程体系设置并没有引起高校、教师、学生等群体的足够重视。但就业能力的培养将影响学生的职业发展，进而影响学生未来的发展，就业能力的培养应该从较早阶段开始，落脚到高等教育，从学生入学开始培养较为合适。就业能力培养的理念应该推广至高校、教师、学生本人、学生家长，形成良好的就业能力培育的氛围（孔治国和于淼，2020）[160]。

（三）大学生就业能力的已有研究

当前，学界关于大学生就业能力的研究已经相当丰富，已有研究的切入点各有不同，特点是研究群体的针对性更强、数据研究更具针对性。

朱勤（2014）[161] 基于对浙江省 327 家高新技术企业和中低技术企业的问卷调查数据，对产业升级背景下大学生就业能力的构成进行了理论分析，实证研究了大学生就业能力构成要素及产业升级的就业扩张效应。结果表明，大学生就业能力具有很强的行业间属性，技术水平不同的行业对大学生就业能力的界定与评价存在明显差异（周广阔等，2018）[162]；产业升级的政策指向并不必然促进大学生就业，高新技术企业内的低技术环节抵消了产业升级就业扩张效应的发挥；包括责任心在内的基本素质是决定大学生能否顺利实现就业的门槛性要素；学习能力、科研创新能力等中高端素质是大学生就业能力的质量构成要素（万晴晴，2019）[163]；高新技术企业和中低技术企业对中高端素质的要求存在明显差异。王建光和楚洪波（2021）[164] 以明尼苏达工作适应论和 USEM 模型为基础，构建以外在核心能力、内在核心能力为主的大学生高质量就业能力综合评价指标体系，对吉林省 2631 名大学生的调研数据进行实证分析，结果显示，大学生的就业能力处于中等水平，一些重要能力指标不尽如人意，学校人才培养模式以及大学生自身工作经验、受教育程度等因素对大学生就业能力影响较大。他们以实证研究为基础，从就业导向、就业指导与服务体系、第一课堂和第二课堂建设等方面提出对策，为大学生高质量就业能力的提升提供决策依据。黄炜明等（2021）[165] 从用人单位对大学生综合素质的要求出发，运用二级模糊综合评价法来构建大学生就业能力的测度模型，并将该模型应用于对某高校三个师范专业（数学、地理、汉语言）毕业生就业能力的评价。结果表明，该校应届师范毕业生就业能力较强，但仍存在很大的提升空间，在此基础上提出建议，为高校就业管理和大学生就业提供参考依据。郑寿（2022）[166]从新工科背景下大学生就业能力提升的时代意蕴角度出发，分析现阶段地矿类大学生就业能力培养的困境，介绍福州大学与紫金矿业集团联合成立紫金矿业学院，通过校企深度融合的"紫金模式"助力地矿类大学生就业能力提升的实践探索。研究显示，地矿类院校今后应在四个方面下功夫，以期为高校新工科地矿类大学生就业能力的培养提供参考，分别为：加强校企合作，创新管理体制；聚焦矿业需要，改革课程体系；坚持立德树人，强化志向驱动；加强工程实践，突出科研实训。

尽管国内外学者从不同角度对大学生就业能力进行了研究，已有研究已经相当丰富，但随着时代的发展，人工智能技术、物联网等迅速更新迭代，这为大学生就业能力的深入探究提供了新的方向。

第五节　大学生就业能力存在的问题

大学生就业能力是大学生能否成功就业的关键一环，也是主导大学生就业的重要因素，面对严峻的就业形势，大学生只有不断提高自身素质，掌握过硬的本领，才能在就业竞争中占据主动地位。通过多年的工作实践经验总结以及对已有相关文献的梳理发现，当前大学生就业能力存在的主要问题有就业心理素质较差、主观能动性有待提高、专业技能不足、创新能力不强和职业素养认知较差等。

一、就业心理素质较差

就业是一个比较复杂的过程，不仅是个人能力的比拼，更是对大学生心理素质的考验，就业心理调适能力成为影响大学生顺利就业的重要因素。竞争激烈的人才就业市场给大学生带来的压力越来越大，良好的心理素质是大学生成长不可缺少的因素，面对就业市场双向选择带来的机遇、竞争与挑战，毕业生的心理是错综复杂的，在就业过程中会出现不同程度的心理问题。随着经济结构向服务业的转型，与"人"相关的自我调节、沟通合作、组织规划能力越来越受到关注。大学生作为职场新人面临着巨大的转型压力，当外部就业环境发生变化时，在校大学生对社会怀有恐惧、逃避感，职位适应缓慢，往往导致不能融入工作环境中。大学生就业心理素质差的原因有，其在大学期间过的是一种单纯而有保障的生活，学习、生活、交际都较有规律，这样的生活与现实社会自然存在一定的差距（孟玮，2011）[167]。与此同时，对自我的了解不够准确，不能给自己一个准确的定位，尤其是面对巨大的压力时，不能够真正做到全面了解自己。

由于前期的准备不足，一些毕业生在就业中常会产生自卑的心理，自我评价较低，怀疑、否定自己，觉得自身各方面的能力不如他人等。例如，一些毕业生在就业市场中看到本专业的用人单位少、待遇差，容易产生悲观失望的情绪，尤其是性格内向的学生看到竞争者在面试中滔滔不绝时就会莫名地紧张，因自己的不善言辞而感到自卑，长此以往，容易形成恶性循环，在自我否定和自我怀疑中失去信心，不敢正视自己的优势、摆正心态、正确看待就业。还有一种心理是和自卑对立的，一些大学生认为自己在校期间表现良好，因为曾经靠自己的努力取得过一些成绩和荣誉，便产生了自大的心理，认为自己能够胜任任何工作，觉得自身能力够强、勤奋好学，找到薪酬待遇好的工作是必然趋势，在求职中觉得自己高人一等，容易看不起别人。自大的人往往在工作上出现变故后，很容易受到严重的打击，不能够自我调节以尽快地适应就业环境的变化。

二、主观能动性有待提高

随着我国经济的高速发展，人们过度逐利，"金钱"成为了一些人行为和理念的标准，从而诱发了相当一部分人的道德败坏（侯天顺等，2014）[168]。在这种价值观的作用下，社会的很多领域都存在缺少诚信的现象。经济领域中的虚假宣传、商品仿制，社交领域中的人情打赏等，使人们产生一种错误的认知，即不诚信是现代社会需要具备的一种生存能力。这严重影响了当代大学生的价值取向，使部分学生的人生坐标产生了偏离，诚信缺失愈加严重。为利而行、道德缺失已成为部分大学生的共性问题，这种价值观在大学生就业中的体现是大学生变得好高骛远，以优厚待遇为首要条件，应聘过程中使用假证件、随意毁约的行为频现，这会使大学生在应聘前就被贴上种种负面标签（张博文，2018）[169]。在大学生就业中，发挥主观能动性可以正确地指导大学生参与就业，从而做到未雨绸缪，给自己未来的就业打下坚实的基础。当前，很多大学生的就业价值观不正确，在就业中的主观能动性有待提高。部分大学生在职业意识方面较缺乏，未临近毕业不会考虑职业选择的问题，主观能动性较差，对自身的职业生涯也没有明确的目标和规划，就业价值观不正确，在就业中竞争力不强，大部分学生在大学期间没有充分认知到就业主动性的重要意义，更不用提对自身潜力的挖掘。在同样的环境和教育条件下，个体主观能动性的发挥，对大学生就业能力等方面的提升起着决定性的作用。主观能动性的缺失会导致学生在就业中积极性不高，不能够充分地认知到就业对自身的重要性，也不能够将择业与未来的幸福生活等多方面结合起来进行思考。正是因为没有认识到主观能动性的重要性，才没有正确的择业观，不能够端正心态树立正确的就业观念，使自身缺乏就业竞争力，不能找到满意的工作。因此，大学生在就业中主观能动性有待提升。

三、专业技能不足

大学生专业技能不足，与市场需求匹配度不高是当前大学生就业难的一大原因。许多大学生在大学期间所学的专业技能与市场需求并不匹配，导致他们在就业市场上处于劣势。这一问题在一些传统工科专业和部分文科专业中表现得尤为突出。例如，一些传统的工科专业，如冶金、矿业等，随着行业的发展和转型升级，其专业技能需求已经发生了很大变化，但许多高校的课程设置和教学内容并未及时调整，导致毕业生难以适应市场需求。类似的问题在一些文科专业中也存在，如一些传统的人文社科专业，由于其专业技能与市场需求不够紧密，对市场的实际需求了解较少，毕业生往往难以找到满意的工作。高校的专业设置滞后于就业市场的需求。当前，一些高校的专业设置和调整与市场需求的变化并不适应。一方面，由于高校的教学计划和课程设置往往需要经过长时间的论证和审批，难以及时反映市场需求的变化。另一方面，一些高校过于追求学科齐全和综合性，忽视了对市场需求的关注，导致一些专业的毕业生难以就业。高校大学课程的内容设置与就业市场的需求脱节。一些高校的教学内容过于理论化，缺乏实践性和应用性，导致毕业生难以适应市场需求。同时，一些高校缺乏与行业的合作和交流，不了解行业发展的最新动态和需求，导致教学内容与市场需求脱节。大学生专业技能不足，很大程度上是因为缺乏实践。高校中很多偏工科的专业，都需要进行动手操作才能对课本上的知识了解得更深入透彻，当前，很多专业在专业建设、校企合作等方面还比较欠缺，尤其是很多专业没有校外实习实践基地，学生较少参与实践课程，对书本知识了解得不够透彻，也缺少与社会相关行业接触的机会，当走上社会后，他们的专业技能不足，不能较快地适应社会的发展需要。专业技能是学生走上工作岗位后非常重要的一项技能，专业技能对很多岗位来说是必不可少的，如果大学生的专业技能欠缺，在招聘中就会处于劣势，没有核心竞争力，因此，大学生应该努力提升专业技能。

四、创新能力不强

大学生作为国家未来的主人与先进科技的开发者，具备一定的创新思维与创新能力是适应时代发展的必然要求，也是新形势对高等教育提出的新要求（任彩霞和黄清音，2018）[170]。当前，大学生创新能力不足的原因：一是大学生多在高校学习，容易纸上谈兵。大学生的学习多以书本上的知识为主，很少走出校园，创新思维弱，学生的形象思维能力较强，抽象思维能力较弱，长此以往，创新能力也就越来越欠缺。二是创新创业教育较落后。很多高校会专门开设类似于大学生创新创业教育的课程，通过课程对学生的创新创业能力进行培养，这些课程大多属于书本教学，缺乏创新能力的实践培养，部分高校会将大学生的创新能力作为保研推免的一部分，充分调动大部分学生的积极性，主动投入到"互联网+"、挑战杯等创新创业大赛中去。创新创业教育不仅局限于书本教育、参赛教育，更多的是要培养大学生的创新能力。高校培养学生的目的是让学生走入社会后能够适应社会，创新能力符合社会的发展需求。三是"唯分数论"的评价模式盛行。长期以来，我国高等教育所形成的"唯分数论"模式也是导致学生创新思维能力缺失的重要原因。考核是大学生教育的重要组成部分，仅依靠课程考试成绩这一把尺子来评价学生、衡量学生的学习效果，非常不利于学生创新能力的培养，这种片面的教育评价体制严重制约着学生创造能力的提高。当前，我国的课堂教学方式仍以"灌输式"为主，使学生长期处于一种被动消化吸收的状态，教师对学生的接受程度、理解程度知之甚少。这种教学模式满足了学生考试和考研的需要，却无法满足学生对创造性的渴望。由于传统教育模式的限制，学生容易被现有知识束缚住，只知道全盘接受、人云亦云，不敢挑战权威和提出自己的观点，缺乏科学的怀疑精神以及主动思考问题的能力（任彩霞和黄清音，2018）[170]。四是创新创业教育持续性不强。创新创业教育不能贯穿于整个大学教育，只是在其中某一个阶段比较重视，违背了创新教育的长期性要求。

五、职业素养认知较差

大学生就业难是当今社会的热点问题，其中一个不可忽视的问题是大学生的职业素养认知不足，并不能够达到企业的标准。职业对专业起导向作用，而专业是通向职业的桥梁，但二者并不是一一对应的关系。学生进入大学时，无论是主动还是被动选择了某一专业，他都无法保证所学专业一定符合自己将来要从事的职业或事业。因此，大学生除了学习专业知识，还要有目的、有计划地学习和掌握符合社会需要的基本知识和技能，提高职业素养和综合素质，这对大学生来说也是不可或缺的。目前高校的专业设置都有厚基础、宽口径的特点，每个专业都对应多个职业目标。在专业确定的情况下，要了解适合本专业特点的职业和岗位，并深入了解适合自己的职业范围。任何一种职业的存在和发展与社会发展趋势都有着紧密的联系。社会的大环境对职业类别和职业发展前景的影响极大，从而也影响到了个人职业生涯规划、选择和发展。因此，学生加强对社会发展趋势与职业需要的分析和预测，了解社会岗位需求情况是非常有必要的。许多高校的就业指导工作一般由从事学生工作的老师来完成，而这些指导者往往缺乏相应的专业知识和技能，即使教育部全国高等学校学生就业指导中心定期举办高校就业指导人员系统培训，也存在培训范围小、成效不明显等问题（雷建鹏和蓝燕飞，2012）[171]。当前，大学生对职业、行业、岗位等概念的认知模糊，不能够正确认识到自身提高职业素养的重要性。与此同时，部分高校存在大学生职业生涯规划、就业指导课程安排不合理的问题，职业教育没有整体性，不能与就业工作相融合，不能发挥应有的作用。职业认知教育工作离国家提出的就业指导要"全程化、全员化、专业化、信息化"的要求还有很大的差距。

第六节　提高大学生就业能力的路径

提高大学生就业能力，帮助他们在竞争激烈的就业市场中脱颖而出，已逐渐成为普遍关注的重大课题（刘朝华和靳艳玲，2010）[172]。本书从以政策引导大学生就业能力、加强高校对大学生就业能力的培养工作、培养大学生的职业素养、强化大学生的语言交际能力等方面详细展开，就提高大学生就业能力的路径进行详细讨论。

一、以政策引导大学生就业能力

当前，国家相关就业部门应该对大学生的就业现状和就业形势进行掌握，从政策引导和职能机构要求入手，强化大学生就业指导工作的开展。针对企业招录毕业生发放招工补助，实行稳岗返还和缓缴社保费等措施，调动企业扩大用工的积极性。稳定公共部门岗位规模，加强政策性就业保障。加大人力资源密集型公共岗位供给是对冲周期性因素的有效手段。在强化职业培训、融资担保、经营场地提供和科技孵化等方面，提供体制机制保障和支撑条件，将创业补贴、税费减免和社保补助等优惠政策落到实处，引导大学生积极投身于创业创新活动□。将就业指导与就业培训纳入毕业考核中，通过教学要求与考核要求等方式，提升大学生对就业能力的重视。针对专业需求与要求，强化就业技能与就业素养的培养，实现提高大学生就业能力的目的（蔡可姝，2018）[173]。

二、加强高校对大学生就业能力的培养

各大高校要明确全面、系统地开发大学生就业能力的重要性和实际意义，开发大学生就业能力应该贯穿于整个大学阶段，从刚进入大学到毕业离校，从日常生活管理到专业课堂教学，从毕业前期的实习到毕业后步入社会实践，都将大学生就业能力的开发和培养融入其中。因此，教育工作者应该主动参与到这项工作中来，多方面开发大学生的就业能力，帮助大学生完成从学生到社会职业人角色的转变。高校要将就业指导内容拓展得更宽，做好学生的职业能力测试，评估出每一位学生的能力，让学生认识到自身的职业能力和职业方向，针对评估结果有针对性地解决所存在的问题和缺陷，为职业生涯规划打下坚实的基础。拓展更多的开发渠道，从就业信息网和一些相关用人单位处了解各个专业的就业需求以及能力需求等信息，并以通知或张贴的形式公布出来，让学生充分了解职业环境和职业发展的变化，让学生根据自身发展期望，主动提升专业技能。针对学生开展个性化的就业指导，比如，针对学习成绩差的学生群体，提高他们的基础技能水平，帮助他们了解就业信息。高校在开展大学生就业能力提升的过程中，还要对大学生进行就业心理辅导，可以是团体形式，也可以是个体形式，这是为了让大学生拥有良好的就业心态，不受自身心理因素的影响，能够正确面对就业问题。加强校企合作力度，为大学生就业能力开发提供更多的平台，校企合作是让高校和企业共同参与到专业建设、学生能力培养等一系列的教育工作中去，切实提高学生运用专业知识的能力，进而满足社会和用人单位的需求。企业积极搭建供需平台和创业平台等，为大学生提供就业咨询和实践的场地，让学生在实践中学习和锻炼自身的专业知识技能和就业能力（崔莉，2014）[174]，让大学生在实践中

提高能力，增强竞争优势。

三、培养大学生的职业素养

大学生的专业技能水平是高校教育课程中的重点内容，大部分学生的专业技能水平都可以使他们在各行各业中找到合适的工作岗位。之所以出现就业困难，主要原因是大学生的自我定位以及职业素养相对缺失，进而出现就业困难的问题。所以培养大学生的职业素养，既是当前高校教育中的重点内容，也是大学生学会自我审视的必然需求。如以会计专业大学生为例，税务核算、财务核算的专业技能是每一位专业大学生必须掌握的基础技能，而会计专业学生出现就业难，是因为其职业素养仍然有提升空间，所以在会计专业教学过程中应该对大学生的职业素养进行重点培养，帮助学生自我审视与定位，提高其综合素质以及责任感，这是全面提高大学生就业能力的核心工作。针对不同专业的大学生，可以采用学生自主发挥的方式进行教学，合理安排好学习任务之后，引导大学生进行自我审视，对自身能力以及专业水平进行明确的定位，可以相对降低就业难的压力。如会计专业学生在对税务核算方式进行综合学习的过程中，只是机械化地对税务进行核算，教师应该引导学生重视各类财务核算的重要性，并帮助学生分析税务核算时数据不准确的危害性，以此帮助学生树立职业"红线"，提升职业素养，逐层、逐段进行层次化教育，教师可以在潜移默化中促进大学生职业素养的提高。大学生就业能力的路径开发，需要以大学生的综合能力提升为前提，针对大学生的就业方向进行针对性的教学，这是从内在因素角度解决大学生就业问题的有效途径。在提高大学生自身就业能力的同时，教育局以及企业等应该综合分析当下的人才发展趋势，因为外界影响因素的相对调整也是解决大学生就业难问题的必然要求。大学生需要注重形象维护、语言交际技巧掌握、专业技能水平提高等，大学生自身的内在改变是真正提高就业能力的主要途径（李翰逸，2016）[175]。

四、强化大学生的语言交际能力

在对大学生的就业能力提升进行分析的过程中，可以从强化大学生的语言交际能力着手。专业技能需要在实际工作中体现，职业素养也需要在日常工作中表现出来，而语言交际是大学生就业能力中必备的能力。商务英语强调的是语言礼仪以及外在形象、语言交际的大方以及不失分寸。部分高校可以通过开展联谊会、运动会、知识竞赛等方式，提高大学生对外界的认知，并在实际参与口提高大学生的语言交际能力。另外，在日常教学中教师应该注意自身与大学生之间的交流方式，教师的一言一行都会折射在大学生的工作生活中，所以教师应该注意自身的教学态度，在实际教学中可以采用大学生自主实践的方式进行教学，如工科的专业技能操作，教师只需要布置任务，并对同一专业、不同班级的学生进行穿插教学，以此提高大学生的语言交际能力。为大学生提供场景不同的活动，对学生语言交际能力的提高有指向性作用，这也是大学生就业能力提高的基础性工作（李翰逸，2016）[176]。

五、注重社会实践，培养适应岗位需求的能力

社会实践是大学生步入社会、体验社会的一门重要课程。当前，在毕业生的就业过程中，很多用人单位很看重实践能力，在其他的基础能力同等的条件下，用人单位往往会考虑那些曾经参加过社会实践、具有一定组织管理能力的毕业生。这就需要大学生在就业前就注重培养自身适应社会、融入社会的能力，用于弥补自己没有工作经验的缺陷。社会实践可以说是大学毕业生就业前积累用人单位所需要的"工作经验"的重要途径，也是锻炼自己接触社会、了解社会、融入社会以及服务社会的能力的重要途径。因此，提高适应社会的能力对于提高大学生就业能力的作用不容小觑，大学生应多寻找社会实践机会，积累社会经验，提高就业能力（刘朝华和靳艳玲，2010；翟红敏和高岩，2010；连建良，2011；梁恒，2011；魏艳，2011）[172][176-179]。参加社会实践可以引导大学生正确地认识自己，并紧跟社会的步伐。在社会的压力下，主动地转变自己，使自己成为一个能适应社会需求的人才。参与社会实践能使大学生提前了解社会，结合自身的专业学问，使自身所学更适应社会需求，也能培养大学生的独立性，极大地减少盲目跟风的现象。社会实践促使学生将自身习得的专业理论知识运用到实际操作中，使大学生提前了解岗位需求，从而在毕业求职中处于竞争优势地位。

第六章　大学生就业能力的培养

大学生就业能力的培养是实现充分、顺利就业的前提，是大学生就业后个人发展和用人单位发展有活力的根本所在。本书将从解决问题的能力、专业技能、沟通表达能力、信息检索能力、时间管理能力等十种重要的就业能力入手，为大学生提高就业能力提供实践指导。

第一节　解决问题的能力

解决问题的能力是指大学生能够运用规则、程序方法等对遇到的问题进行深入分析，在此基础上，提出具体解决方案的能力。

一、解决问题的能力的重要性

（1）解决问题的能力比解决问题本身更重要。俗话说得好："授人以鱼，不如授人以渔。"解决问题能力的重要性在于能够通过一次次地解决问题，学习解决问题的方法，在解决问题中总结用到的方案，做到常总结、常复盘、常反思，在不断地解决问题中，总结出同类问题的处理方法。解决问题的能力不是一蹴而就的，是在不断地调整、试错和思考中提升的，大学生在解决问题中不要一直盯着问题是否已经解决，也应该看到在解决问题的过程中自身存在的不足，思考在未来遇到同类型问题时应该如何快速解决、运用什么样的技巧等。因此可以说，解决问题的能力比解决问题本身更重要，很多时候，要看到解决问题过程中的收获，而不是只看结果，大学生更要注意在解决问题中常总结，能够举一反三、触类旁通，熟练运用解决问题的方法，在解决问题中成长。

（2）培养结构化思考问题的能力。结构化思考问题是一种解决问题的方法，它通过将复杂的问题分解为更小的部分，并建立起它们之间的联系，从而提供一种有序和系统的思考方式。一是解决复杂问题，结构化思考问题可以帮助我们将复杂的问题分解成更小的部分，从而更容易理解和解决该问题。它提供了一种系统和有序的方式来分析问题，避免在处理问题时产生混乱。二是提高效率，结构化思维使我们能够有目的地组织和处理信息。通过将信息分类和组织成一个有条理的结构，我们能够更快速地找到需要的信息，并使决策和执行更加高效。三是增强创造力，结构化思考问题的能力不仅可以帮助我们解决问题，还可以促进创造力的提高。通过将不同的因素和变量进行分类和组织，我们可以更好地发现问题的本质和可能的解决方案。因此，大学生应该在平时注重培养结构化思考问题的能力，从而在遇到问题时能够游刃有余地应对，更高效地解决问题。

（3）在解决问题中推动个人成长和提升能力。培养解决问题的能力一直是用人单位比较关注的方面，在单位内无论从事何种类型的工作，都需要培养解决问题的能力。我们会随时遇到需要解决的大大小小的问题，无论所要解决的问题重要与否，都需要正确面对，在解决问题中不断地学习和成长。解决问题的过程是一个成长的过程，任何问题的解决都不是一蹴而就的，很多需要我们查资料、走访等，当然，在解决一个又一个问题时，还需要我们踏踏实实地进行总结，只要掌握了一定的解决方法，以后再遇到同类型的问题时，就能够熟练应对。很多解决问题的方法也是经验之谈。因此说，解决问题的能力对大学生来说是至关重要的，大学生能够在解决问题中不断地促进个人成长和能力提升。

二、培养解决问题的能力

（1）在学习中积累。培养解决问题的能力，需要培养大学生勇于探索的精神。在遇到问题时，大学生应该具备勇于面对问题的态度，善于提出问题并积极寻找答案。大学生可以通过参加讨论或小组合作等方式来培养自己的探索精神，在不断的学习当中进行积累，从而提升自己解决问题的能力。解决问题的过程通常需要对问题进行详细和全面的分析，所以在解决问题过程中提高分析问题的能力也是非常重要的。大学生可以通过学习课本知识、参加实践活动以及与他人进行讨论等方式来提高自己分析问题的能力。此外，大学生还可以尝试从不同的角度来思考问题，以便更好地理解问题的本质。对于大学生来说，解决问题的过程就是不断学习的过程，能够做到常总结、常积累，一定能够在解决问题中获得知识，将所学应用到其他问题的解决中。

（2）学会多观察。大学生在生活中，就要养成多观察、多思考的习惯。观察是需要培养洞察力的，培养洞察力一开始可能会比较难，需要不断地进行练习。当然，洞察力也需要学习，要遵循一定的方式方法。它不是一个被动看的过程，而是一个主动运用我们感官去观察的过程，在主动观察中，增加观察的兴趣，在观察中主动总结规律。拥有洞察力，大学生能够在解决问题中发现新的问题，培养自己的创新创造能力，也能够让自己在不断的观察和调整中，增加探寻新知识的兴趣，从而提升自己的洞察力。学会观察，不仅是在生活中多观察，在工作中也要多观察、勤思考，让自己在不断的观察与思考中，提高解决问题的能力，从而将所观察、所总结的问题解决方式方法运用到其他问题中，这样也就达到培养解决问题能力的效果了。

（3）学会举一反三，触类旁通。解决问题的能力的培养是一种思维能力的培养，不是只会解决该问题就可以了，而是要发现问题的本质，了解问题的具体解决方式。举一反三是一种高级的思维方式，它能够使人在面对各种问题和情境时，通过寻找相似之处，将所学知识和经验应用于新的领域。举一反三不仅能够提高大学生的问题解决能力，还能够培养创造力和灵活性。了解问题、设计方案、实施方案、回顾反思，就可以提高解决问题的能力，从而有条不紊地处理问题了。大学生可以广泛地阅读和学习，了解不同领域的知识和技能，建立起丰富的关联和联系，从而更好地运用举一反三的思维方式。大学生可以从不同领域、不同行业或者不同时间的事物中，寻找类似的模式或规律，并将其应用到需要解决的问题中去。作为大学生，需要敢于打破既有的思维框架和固有的观念，勇于尝试不同的解决方法和创新的思路。与此同时，还需要保持灵活的态度和思维方式，不被固定的模式和方法所局限。在解决问题的过程中，要相信自己的能力和创造力，勇于尝试和迎接挑战，从而培养出举一反三、触类旁通的思维能力。

第二节　专业技能

专业技能是从事某一职业的专业能力，也就是能够胜任岗位工作的专业能力

（蒋慧娇，2019）[180]。

一、专业技能的重要性

（1）解决大学生就业难的问题。专业技能是大学生找工作的敲门砖，也是一技之长，更是就业必备技能。大学生拥有专业技能，在走上社会找工作时，才能够有竞争力，使自己在就业市场中处于竞争优势地位，掌握主动权。大学生至少掌握一项专业技能，能够积极主动把握就业的主动性。当前，很多大学生都在抱怨找不到满意的工作、找工作太难了，事实上，掌握必要的专业技能在一定程度上也能够解决就业难的问题，让大学生在就业中拥有竞争优势。对于大学生来说，尤其要学好自己的专业知识，无论未来的工作对口与否，都能够掌握一项基本的与专业相关的专业技能，这也是就业的敲门砖和试金石。很多时候，掌握专业技能，还能够使自己在不断地找工作中调整方向，知道自己的目标在哪里、如何去实现自己的目标等。一项好的专业技能不仅可以得到让我们满意的报酬，体现我们自己的价值，还能对其他的用人单位产生足够的吸引力。由此可见专业技能的重要性。学习无止境，技能在身才是大学生最大的财富，也是谁都夺不走的财富，更是创造美好生活的底蕴所在。

（2）适应社会需求，完善人才培养体系。当前，我国的高等教育目标定位仍然基于专业与行业对口的思想意识，把培养窄深型、处方式的专家型人才作为目标，带有强烈的专业性特征。随着社会的发展，特别是工业化的实现，社会对人才的需求逐渐多元起来，高校要为社会各行各业培养高级专门人才。这就要求高校要改变培养目标单一化的倾向，树立多样化人才观念，尊重个人选择，鼓励个性发展，不拘一格地培养人才，建立起适应市场需求的多样化高校人才培养体系，通过多种不同的教育模式，以因材施教的理念和方式提供各类"优质"教育，培养各行各业的"专业或岗位精英"。这是高教改革的发展趋势，也是经济社会发展对高校的现实要求。在此基础上，对大学生开展专业技能培训恰恰能够弥补其实践能力弱的缺点，使其既能掌握现代经典理论知识，又有一技在身，为其以后施展才华和实现个人职业发展理想奠定基础（汪晓辉，2010；张义明和余广俊，2013）[181][182]。

（3）促进经济社会的发展。国家经济的发展离不开人才的培养。随着科技的迅速发展，企业生产对机械自动化和操作技术的要求愈来愈高。据调查，素质低、技能单一型的劳动力在我国不同地区占劳动力市场的 68%~82%，这些劳动力无法掌握先进的设施设备，不能促进社会经济高速发展，社会急需熟练掌握先进技术工艺的高技能人才（张义明和余广俊，2013）[182]。对大学生开展专业技能教育，能够使其掌握先进的生产流程知识，接触基本的机器操作，形成比较系统和全面的能力，从而为社会培养理论与技能兼备的高素质人才，优化人力资源市场构成，提高人才队伍层次，促进经济发展。专业技能的培养在大学和职业院校中都应该更多地去涉及，这是行业发展的需要，也是不断适应社会经济发展的需要，使大学生在掌握专业技能的同时，能够在社会上找到相对满意的工作，无论在何种类型的单位工作，都能够为社会的经济发展贡献一份力量。

二、培养专业技能

（1）主动学习是基础。学习是提高专业技能的基础。大学生应该时刻保持学习的热情和动力，不断地积累新的知识和技能。作为学生，他们的主要任务就是学习，专业技能的学习不是天天盯着书本，而是要在学习中学会举一反三，能够激发自身的潜能、触类旁通，学会将不同的学科知识联系起来，最大限度地调动自身各感官的积极性，充分发挥积极性去学习。主动学习是基础，除了上课跟着授课教师学习书本上和教师拓展的知识外，还要主动到网上收集一些有用的学习资源，主动了解国内外相关学科领域的前沿动态，这也可以为后期参与学科竞赛、实习实践等打下坚实的基础，让自身在不断的学习中提升对专业知识的理解，通过做到多学科知识的互联互通，不断提升自身的专业技能。

（2）多参与实习实践活动。大学生参与实践也是提高专业技能的重要途径。学生只坐在教室里学习书本上的知识是远远不够的，还需要多参与学科竞赛、实习实践活动。书本上的知识还需要运用到实践当中去。大学生通过参与学科竞赛、创新创业竞赛等提升自身解决问题的能力，不断巩固自身的专业知识，在参与竞赛中提高专业技能水平。与此同时，专业教师等组织学生到用人单位进行实地参观和学习，在参观交流学习中提升学生的专业技能，使其通过走出去真正地认识所学的专业以及未来要从事的行业，在交流学习中了解专业知识的运用，将学到的知识应用到实际工作中去。在实习实践中，我们可以发现和解决问题，积累实践经验，从而不断提高自己的专业水平。作为大学生来说，应该将就业择业的眼光放长远，不断地走出去了解所学专业和想要从事的行业，大部分大学生都是要走入社会、走上工作岗位的。大学生积极参与实习实践是必不可少的重要环节，也是培养专业技能的必经之路。

（3）参加相关培训和讲座活动。大学的学习是多方位的，学习课堂知识只是大学学习的一部分。学生可以适时地参加一些课外的专业技能培训、听一听行业专家的专业知识讲座，扩充自己的专业视野。随着市场经济的发展和完善，竞争越来越激烈，全社会对"人才"的认识已经从注重文凭向注重实际操作能力转变（张乐芹，2010）[183]。掌握一项专业技能，对于大学生就业择业会有很大的帮助。高校也越来越重视大学生的就业工作，从大一开始就策划阶梯式的就业培养体系，让大学生在大学阶段能够重视就业择业。各大高校在不断地采取各种方式提高大学生的就业能力和就业意愿，通过开展系列培训、重要培训等方式，为大学生的就业注入新鲜的元素，使学生在不断接受培训中，提高自身的专业技能和综合技能，为正式走入社会做好全方位的准备工作。

第三节　沟通表达能力

沟通表达能力是指一个人在交流中所表现出来的能力，包括口头表达、书面表达、非语言表达等方面。沟通表达能力是人际交往中非常重要的一项能力，它不仅能够帮助我们更好地与他人沟通交流，还能够提高我们的人际关系和工作效率。

一、沟通表达能力的重要性

（1）沟通表达能力对于人际交往非常重要。在日常生活中，我们需要与家人、朋友、同事等进行交流，而沟通表达能力的好坏直接影响我们与他人的交流效果。如果我们的表达能力较差，可能会导致他人对我们的误解或者不信任，从而影响我们的人际关系。因此，提高沟通表达能力可以帮助我们更好地与他人交流，建立良好的人际关系。对于大学生来说，在平时的生活和学习中，要主动与身边的同学进行沟通交流，在沟通交流中增强感情，在交流中互相帮助和互相提高。走上工作岗位后，无论从事何种类型的工作，都少不了与人打交道，无论是沟通工作上的问题还是联络感情，都需要我们选择恰当的方式方法进行沟通交流，与同事相处融洽，才能够在一个相对温馨愉快的环境中工作，让自己的工作更顺心。因此，大学生在大学校园里就要学会沟通交流，能够选择恰当的方式进行表达，为自己走入社会打下坚实的基础。

（2）沟通表达能力对于工作效率也有很大的影响。在工作中，我们需要与同事、客户等进行交流，如果我们的表达能力较差，可能会导致工作效率低下，甚至影响工作质量。因此，提高沟通表达能力可以帮助我们更好地与他人协作，提高工作效率和工作质量。大学生在校期间可以有意识地去找一些关于沟通表达的书籍、网上资源进行学习，培养自己的沟通表达能力。同时，很多大学都很重视大学生的沟通表达能力，会开设相关的主修或辅修课程，大学生可以多走入课堂，听听相关类型的课程，这对以后走上工作岗位与同事、领导的沟通极有帮助。在工作中，同事之间的沟通更顺畅了，工作配合得会更好，工作效率也会有所提高。因此，大学生应该在平时注重沟通表达能力，让自己能够会沟通、能沟通，将沟通技能得心应手地运用到未来的就业中。

（3）沟通表达能力促进社会和谐发展。通过语言交流，人们可以共同思考问题、合作解决困难、传播社会价值观。有效的语言表达和沟通也是社会和谐发展的关键。当人们在交流中使用得当的语言、相互尊重并表达自己的观点时，就能减少误解和冲突，增进社会的和谐稳定；相反，如果语言表达不当，就容易引发误解和矛盾，破坏社会的和谐。对于大学生来说，应该从大学阶段抓起，主动锻炼自己的沟通表达能力，在走上工作岗位后，与同事保持和谐的关系，使大家在团结合作中共同进步，不至于内卷或消耗自身，为用人单位创造效益，为社会的稳定发展贡献力量。

二、培养沟通表达能力

（1）增加知识储备。一个好的表达者需要有充足的知识储备。只有掌握了广泛的知识，才能言之有物、言之有理。因此，要多读书、多关注时事、多了解各种领域的知识，扩大自己的视野，提升自己的认知水平。大学生可以利用在校期间的时间，做好各类知识的储备工作，多丰富自己的知识储备，通过各种资源平台收集想要学习的知识。资料收集需要一个过程，同理，知识的学习也需要不断地进行调整和消化。在增加知识储备中，要明确目标、规划路径，知识永远都学不完，我们每个人的精力也有限，因此，一定要带着目的去做积累，而不是妄想学习所有的知识，适合自己的知识最重要。把握优质的学习资源渠道，读好书，阅读那些多次再版的经典书籍或者是多位高手都推荐过的书，进入一些领域内活跃的优质社群，交流学习。让学习到的知识切实入脑入心，做好储备，必要时进行输出。

（2）练习语言表达，注重情感表达。语言表达是提高表达能力的基础。要提高表达能力，需要多练习语言表达，包括口才和文笔。可以尝试多做口述练习、写作练习，不断提高自己的语言表达水平。情感表达是体现表达能力的重要方面。一个好的表达者不仅需要表达清晰，还需要将自己的情感融入到表达中，从而更好地感染听众。要注重情感表达，善于观察自己的情绪变化。作为大学生，在校期间应积极主动参加社团，通过参与各类活动锻炼自己的语言表达能力，注重情感表达。恰到好处的语言表达和沟通能够让身边人感到"舒服"。因此，大学生在平时的学习和生活中要注重语言表达和情感表达，很多时候，恰到好处的沟通能够起到事半功倍的效果。

（3）掌握沟通技巧。沟通是生活中至关重要的一部分。无论是与朋友、家人还是同事交谈，良好的沟通技巧都可以使我们更好地理解和被理解。沟通技巧是提高表达能力的重要因素。要掌握沟通技巧，需要学习心理学、人际交往学等知识，并在实际生活中不断运用和总结。只有掌握了沟通技巧，才能更好地表达自己的观点。掌握以下 10 个沟通技巧，可以帮助大学生更好地掌握沟通艺术：

1）积极倾听：当与别人交流时，确保你正在倾听对方的话，并尽可能保持平静和专注。

2）不要打断：不要在别人讲话时打断他们，给他们留足够的时间来表达他们的观点。

3）确认理解：在给别人意见之前，问他们是否理解你的观点，以避免发生误会。

4）面部表情：身体语言是沟通的一部分，适当的面部表情可以让你的沟通更加生动。

5）引导对话：了解如何引导对话，以便你可以控制进程。

6）明确表达：在给别人传达信息时，要确保你的语言简洁明了，避免造成歧义。

7）注意说话的声音：改变说话的语气、节奏和音量可以使你的话更引人注目。

8）注重细节：注重较微小的细节，如使用合适的语气和姿态，可以让你的沟通更加缜密和有效。

9）保持冷静：尽可能保持冷静，即使意见分歧变得激烈。

10）练习：练习沟通技巧是非常重要的，只有通过实践，才能更好地使这些技能变成你的潜意识。

第四节　信息检索能力

信息检索能力让人可以快速获取所需信息，这些信息对分析问题、评估选择、做出正确决策都有关键的支撑作月。

一、信息检索能力的重要性

（1）提高信息检索能力可以帮助我们更好地了解人类的知识和智慧。我们可以通过信息检索更加深入地了解所学习的领域，并且可以从中获取更多有价值的信息。大学生可以根据自身所需到网上去检索需要的信息，当前，网上的信息浩如烟海、质量参差不齐，在检索信息时一定要注意甄别信息的有效性以及真假，不确定时一定要到多家资源平台去搜索或者找熟悉相关领域知识的老师或同学咨询，确保自己所检索信息的真实性。在此前提下，才能够将所收集到的知识信息为自己所用。作为大学生，在大学阶段就应该培养自己的信息检索能力，识别信息的真假，能够正确使用所检索到的信息，补充自己的专业或其他兴趣方面的知识，深入了解所学领域，使搜索到的知识能够用到自己想要用到的领域，为自己未来走上社会奠定坚实的基础。

（2）提高信息检索能力可以帮助我们更好地利用信息。随着信息技术的进步，我们可以通过各种信息工具和技术获取大量的信息。但是，信息工具和技术也要求我们具备一定的信息检索能力，以便我们可以更好地利用这些工具和技术。当前，很多线上线下的资源都是共享的，在互联网、数智化、人工智能等技术的不断发展下，我们更应该抓住科技迅速发展的时代机遇，利用互联网等技术检索信息、运用信息，让信息切实为我所用。因此，作为新时代的大学生，当课堂上有学不会的知识时，完全可以到网络平台进行信息检索，找到相关的视频等进行学习，在搜索知识的同时，提高信息检索的能力，这种能力在未来遇到任何问题时，都能够用到，无论是进行调查研究还是查找资料，信息检索能力都是必不可少的。大学生应该在大学阶段不断提高自身的信息检索能力，培养解决问题的能力。

（3）提高信息检索能力可以帮助我们更好地解决问题。当我们遇到问题时，如果可以快速有效地找到解决问题所需的信息，那么我们分析和解决问题的速度及效果也将进一步提升。当我们遇到问题时，调整解决问题的心态是第一位的。此外，也要重视问题本身，通过查找资料、调查研究、实地走访等形式找到解决问题的关键，此时，信息检索能力就显得尤为重要了，它能使我们在较短的时间内检索到有用、有效的信息。信息检索能力也有高低，检索信息是有方法的，在平时要注重信息的检索，在需要信息的关键时刻，就能够通过信息检索找到重要的信息，当然，解决问题的效率也就会有所提升。作为在校大学生，更应该掌握各类信息的检索能力，提高解决问题的效率。提高信息检索能力可以使我们在不断地解决问题中提高各方面的能力。

二、培养信息检索能力

（1）学会运用常见的搜索引擎。信息检索的基本方法包括运用搜索引擎、检索数据库和查阅资料等。搜索引擎是我们获取信息的最基本的手段，而图书馆和数据库等可以帮助我们更加深入地了解所学习的领域和兴趣爱好。现在网络中最为常用的搜索引擎有百度、谷歌、必应等，学会运用这些搜索引擎能使我们更快速、准确地找到所需的信息。在使用搜索引擎时，我们可以运用关键词和语法等技巧，加上合理的逻辑思考，来获取更多正确有用的信息。在信息检索的过程中，利用一些信息检索技巧也能帮助我们更加高效地找到所需的信息。例如，信息扫描、信息过滤、信息排序等都是非常常见和有用的信息检索技巧，能够帮助我们去除一些无用的信息并更快速地找到所需的信息。因此，要想检索到关键有效的信息，学会运用常见的搜索引擎是基础。

（2）掌握专业数据库的使用方法。对于一些较为专业的领域，运用关键词在通用的搜索引擎中查找所需的信息就会变得困难，这时就需要运用专业数据库。如国家图书馆、IEEE、科学文献等专业数据库都具有极高的参考价值，分类目录、索引和标引等工具也能够为我们在专业领域中查找信息提供帮助。专业的数据库能够给信息检索的人提供专业的引擎知识，帮助其尽快检索到想要的专业信息。对于大学生来说，掌握专业数据库的使用方法，能够帮助学生在专业领域知识的检索上提高效率，增加检索数据的可靠性和可信性。如果大学生在大学阶段能够较好地培养自身检索数据的能力，在走上工作岗位后，就可以做好数据的检索，针对要解决的问题检索到较关键的信息。

（3）提高信息理解能力。即使我们找到了相关信息，但是信息内容并不一定都真实、准确和有用，有时它们可能只是模糊的信息或过渡的背景知识。因此，我们需要具有较好的信息理解和解释能力，在阅读和解释信息时，我们需要具有一定的判断力和分析能力来正确地判断信息的价值和意义。在信息检索过程中，检索效率是一方面，更重要的是要保证检索内容的真实有效性，这也就需要信息检索人提高信息理解能力。对于大学生来说，最重要的还是要把相关专业知识学扎实、弄明白，最大限度地保证在检索相关专业知识时能够辨别信息的真假，这也是提高理解能力的关键所在。因此，大学生应该培养信息检索能力，在需要检索相关信息时，能够选择正确的搜索引擎，快速高效地检索自己想要的信息，从而提高解决问题的能力。

第五节　时间管理能力

时间管理能力是个人能够合理安排和规划自己的时间，以实现个人目标并提高工作效率的能力。时间管理能力是一个综合性的能力，包括了规划、任务管理、时间分配、细节处理等多个方面。

一、时间管理能力的重要性

（1）提高工作质量和工作效率。时间管理是一项重要的技能，它可以帮助我们更高效地完成任务、更好地平衡工作和生活、更充分地利用有限的时间。时间管理可以帮助我们明确工作的优先级，合理地分配时间和资源，避免拖延和杂乱无章。这样，我们就可以在有限的时间内完成更多的任务，同时保证任务的质量和标准。做好时间管理，能够在有限的时间内安排好自己的事情，提高工作效率。可能有人一听到"时间管理"这几个字就会误以为是必须忙个不停。事实上，在短时间内做很多事确实是时间管理的手法，但却并非时间管理的全部。适当利用时间，增加悠闲时光，更是一种高明的时间管理。就像整理抽屉一样，虽然可以再收纳更多的东西，但不见得非要塞满不可，就算只放了七分满，只要能让抽屉里的东西好找好拿，就能给你带来舒适和便利。在工作中就更不用说了，时间管理好，能够使想要完成的事情在最短的时间内完成，剩余的时间就可以用来做其他的事情，这就是时间管理的魅力所在。

（2）减少焦虑。时间管理可以让我们有更多的掌控感和自信心，减少因为时间紧迫或任务繁重而产生的压力和焦虑。当我们按照计划执行任务时，我们就可以避免临时抱佛脚或者错过重要的截止日期，从而保持心情平静和积极。时间是一次性消耗品，时间的长短不会因为身份地位的不同而不同，提高时间的管理能力，能够使自己有更多的可控感，减少不必要的焦虑，让自己在完成任务时按部就班，不急不躁，稳中求进，将所有的工作任务完成，这就是时间管理的重要性。管理好时间，可以使我们合理安排好各项任务，调整好各项任务的时间，减少不必要的压力，同时，也能够减少自身焦虑，按照约定时间完成任务，不拖沓，高效地处理问题。

（3）提高个人的满足感。在时间管理方面，麦肯锡的 30 秒理论是一个很有名的概念。这个理论的基本思想是在最短的时间内把事情讲清楚，把意图和主题都表达明白。成功人士不是所有的事情都做，而是选择尽量做什么，不做什么。选择和取舍之道，反映了时间管理能力。时间管理是将时间分配给不同的任务和活动，以确保它们按时完成。通过进行时间管理，可以让我们有更多的空闲时间，用于学习新知识、发展新技能、培养新兴趣或者享受生活。这样我们就可以不断地提升自己的能力和素质，同时获得更多的快乐和满足感。时间管理可以让我们更好地履行自己的责任和承诺，及时地完成工作和交付成果，从而赢得他人的信任和尊重。同时，时间管理也可以让我们有更多的机会和时间与他人沟通、合作、交流或者社交，从而建立和维护良好的人际关系。

二、培养时间管理能力

（1）制定清晰的目标和计划。目标是指你想要达成的结果，计划是指你实现目标的步骤。目标应该是具体的、可衡量的、可实现的、相关的和有时限的，即 SMART 原则。计划应该是详细的、灵活的、优先级的和可调整的。制定目标和计划可以帮助你明确方向、分解任务、安排时间。在执行计划的过程中，你可能会遇到各种各样的干扰和诱惑，如社交媒体、电子游戏等。这些东西会分散注意力、降低效率，甚至让你忘记了自己的目标。为了避免这些干扰，你需要保持专注和集中。你可以选择一个安静的环境，关闭不必要的通知和应用，设置一个定时器，每隔一段时间休息一下，或者使用一些软件或应用，来帮助你保持专注和集中。有了清晰的目标和计划，加上保持一定的专注力，能够使计划稳定进行。在制定目标和计划时，一定要留出机动的时间，使自己能够动态地调整计划，提高时间管理能力。

（2）摆正时间管理的心态。时间管理不是为了让你更紧张、更疲惫、更压抑，而是为了让你更轻松、更快乐、更满足。时间管理不是为了让你做更多的事情，而是为了让你做更有价值、更有意义、更有质量的事情。时间管理不是为了让你成为一个完美主义者，而是为了让你成为一个合理主义者。从以往经验来看，时间管理可以帮助减少压力、缓解焦虑。在时间管理中不断调整自身的心态，不因工作被时间追赶，而是要合理安排好时间，在规定的时间内完成工作任务。学会说不和学会委托他人，它们可以帮助保护你的时间资源，避免过度承诺或分散注意力，利用他人的专长进行协助，这也是在工作压力大的情况下调整心态的一种方式。摆正时间管理的心态，要求每一名大学生在校期间，都能够合理规划时间，调整好面对压力时的心态，摆正姿态，让自己在动态调整中进行时间管理，从而提高工作效率。

（3）形成习惯和规律。时间管理不是一次性的行为，而是需要长期坚持的习惯。如果你能建立一些有利于时间管理的习惯和规律，那么你就能更容易地掌控自己的时间。例如，你可以每天早起，制定当天的计划；每天晚上回顾当天的成果和问题；每周或每月总结自己的进步和反思；每隔一段时间给自己设定一个新的挑战或奖励；等等。这些习惯和规律可以帮助你形成一个良好的时间管理循环。要想更好地管理时间，还要遵循"二八定律"和"四象限法则"，"二八定律"是指20%的因素导致了80%的结果，"四象限法则"是指将任务按照重要性和紧急性分为四个象限——重要且紧急、重要不紧急、不重要但紧急、不重要不紧急。遵循"二八定律"和"四象限法则"可以帮助你识别并优先处理那些对你来说最有价值和影响的任务，避免浪费时间在那些无关紧要或琐碎的事情上。在时间管理上，还可以使用日程表和待办事项清单，日程表是指按照时间顺序安排好的活动表，待办事项清单是指需要完成的任务清单。使用日程表和待办事项清单可以帮助记录时间安排，提醒责任、监督进度，可以使用纸质或电子工具，如日历、笔记本、手机、电脑等来制作和管理日程表和待办事项清单，通过使用各种辅助工具帮助形成习惯和规律。

第六节　情绪管理能力

情绪管理能力是个体对自己情绪的感知、认知和调节的能力，它对个体的心理健康和生活质量有着重要的影响。

一、情绪管理能力的重要性

情绪是人类的基本心理活动之一，它在我们的日常生活中扮演着不可或缺的角色。情绪的表现形式多种多样，我们有时候会因为一些小事而快乐，有时候则会因为挫折或者失落感而情绪低落。因此，情绪的管理非常重要，它能够使我们更好地调节自身的情绪，使自己的情绪处在一个相对平衡的状态。

（1）情绪管理对健康的重要性。情绪管理对身体健康有着重要的影响。过度的负面情绪会导致人体产生一些生理反应，如血压升高、心率加快等，这些生理反应会对身体健康造成不良影响。长期处于负面情绪状态下的人会出现免疫力下降，从而容易感染疾病，而积极的情绪可以促进身体健康，使人们下意识地去抵抗疾病。因此，情绪管理对身体健康有着重要的影响。对于在校大学生来说，我们更应该注重情绪管理，尤其是要处理好自己与导师、同学等的关系，保证在校期间的沟通能够顺畅；在遇到问题时，能够积极面对，管理好自己的情绪，这样有利于自身身心健康的发展。因此，高情绪管理能力能够对自身的健康起到一个积极促进的作用。

（2）情绪管理对人际关系的重要性。情绪管理对人际关系的影响也是不可忽视的。处理人际关系是每个人都要面对的问题，而情绪是人际交往中最容易引起冲突的因素。如果我们无法控制自己的情绪，就容易在与人交往中产生冲突，严重影响人际关系，而情绪管理可以帮助我们更好地掌控自己的情绪，对人际关系的处理更加得心应手。情绪在人际交往中起着非常重要的作用，但它也是人际冲突和误解的源头。情绪管理是帮助我们更好地掌控和应对自己情绪的一种有效方式，可以减少冲突和误解，让人际交往更加顺畅。例如，在工作环境中，情绪管理可以让我们更好地处理工作中的压力和挫折，从而更好地与同事合作，避免因情绪问题而发生冲突和误解。这种能力不仅有助于促进个人的心理健康，更重要的是能够增强我们处理人际关系的能力，使我们在处理人际关系的过程中更加成熟、更加理性，能够更加准确地识别问题并找到最优解决方案。

（3）情绪管理对工作的重要性。情绪管理对工作的影响也是非常显著的。在工作中，我们往往需要面对各种各样的挑战，如工作压力、同事间的矛盾等。这些问题容易让人情绪失控，从而影响工作效率和工作质量，而情绪管理可以帮助我们更好地应对这些问题，保持一个积极的工作状态，提高工作效率和工作质量。通过情绪管理，我们能够展示出自己的情绪掌控力和理性思维能力，从而增强别人对我们的信任。在人际关系中，信任是非常重要的，是人际交往的基础。因此，情绪管理能力对于建立、维护人际信任至关重要。在工作中，只有自身的情绪管理好了，情绪平稳，在遇到问题时不急不躁，能够正常与人沟通，才能够与同事保持较平稳的关系；在处理工作时，同事关系融洽的话，工作处理也就能更加顺畅了。

二、培养情绪管理能力

作为即将走上就业岗位的大学生，每个人都需要懂得情绪管理的重要性。情绪管理能力是可以培养的，情绪可在不断培养和管理中逐渐变得平稳。情绪管理能力能够使我们在遇到重大分歧时，不急不躁，控制和管理好自身的情绪。

（1）接纳情绪。注意自己的情绪变化，识别不同的情绪，并理解它们的来源和影响。接受自己的情绪，不要抑制或否定它们。认识到情绪是正常的生理和心理反应，尽量以开放和宽容的态度对待自己的情绪。在意识到需要稳定情绪时，可以寻求独处的空间，在独处空间内允许自己的情绪波动，主动接纳自己的情绪。情绪不会无缘无故地消失，如果不处理它，它就会停留在那里，可能在你遇到下一个类似场景时爆发出来，也可能形成某种身体上的不舒服，日积月累后逐渐影响到身心健康。所以，控制住情绪之后，也要给予情绪一个出口，让情绪找到宣泄的方式，通过这种方式来接纳情绪，调节自身的情绪。感受情绪就是释放它的过程，当你充分感受到了情绪时，就等于把注意力放在了情绪上，你"看见"了情绪的存在。情绪不会因为否认而消失，只会因为"被看见"而消融。因此，我们应该学会主动接纳情绪，在接纳中学会自我调整，尤其是不要受到负面情绪的影响，要让自己成为情绪管理的主人。

（2）学会压力管理。要学会管理和应对压力，以减少负面情绪的影响。寻找适合自己的应对方式，如运动、社交支持、放松活动等，以提高情绪的稳定性。很多时候，压力会产生负面的情绪，但是凡事都有利有弊，关键就在于我们如何正确地看待和面对压力。任何事情都有两面性，我们面对压力时，应该学会正视压力、管理压力，让我们成为管理压力的主人，不应该被压力所打倒。当我们不能够及时地去管理压力时，应该主动放下情绪，通过自我心理暗示，许可自己把情绪完全释放掉。在释放情绪后，再经过自我心理暗示，我们就能把情绪带来的压力从心里排出去，这样，情绪就不会成为我们下一次失控的导火线，也不会残留在心里间接地影响我们的健康了。当我们允许自己放下情绪时，会明显感觉到自己的身体放松了一些，压抑的感觉逐渐变淡，重复几次，直到自己觉得舒服为止。学会压力管理，让自己能够得心应手地面对各种情绪的处理。

（3）学会自我调节。要学会有效地表达情绪，以避免情绪的积累和爆发。使用适当的沟通技巧，清晰地表达自己的感受和需求，而不是通过攻击或抱怨来表达情绪。学习和应用情绪调节技巧，如深呼吸、冥想、正念和放松技巧。这些技巧可以帮助我们在情绪激动或不适时恢复平静和冷静。当然，我们还可以与亲朋好友、同学或专业人士建立支持系统，分享自己的情绪和困扰，从中获得情感的支持和安慰。学会自我调节的重要一点是培养积极的心态，以更好地管理情绪。关注积极的方面，培养感激和乐观的心态，积极寻找解决问题的方法和途径。情绪管理是一个持续的学习和发展过程，不断实践情绪管理技巧，接受来自他人的反馈，在自我调节中不断调整和改进自己的情绪管理能力。

第七节 换位思考能力

换位思考是指从他人的角度出发，设身处地地去思考问题，这种思维方式可以让我们更好地理解他人的感受和需求，从而更好地与他人沟通、合作。在人际交往、职场环境以及社会互动中，换位思考具有重要的作用。

一、换位思考能力的重要性

（1）增进人际关系。换位思考能够增进人际关系，建立更好的人际连接。当我们从对方的角度思考问题，理解他人的处境和需求时，我们能够更准确地把握他人的心理和情感，并做出更合适的回应。在家庭关系中，夫妻、父子、兄弟姐妹之间经常因为缺乏换位思考而产生矛盾和误解。在工作团队中，团队成员通过换位思考可以更好地理解彼此，使协作更加默契。换位思考有助于增进人际关系，建立和谐的人际连接。在工作中，换位思考能帮助我们更好地理解同事的需求和期望，从而避免因误解而产生矛盾和冲突。因此，让别人觉得舒服是你"职业化"素养的努力方向之一。

（2）提高沟通能力。换位思考是提升沟通能力的重要途径。在与他人交流时，我们往往只注重自己表达得清楚与否，而忽视了对方接收信息的角度和感受。只有通过换位思考，才能真正理解对方的需求和情感，并以更合适的方式传递信息。比如，在家庭成员的沟通中，当一方能从对方的角度去思考问题时，沟通就能更加顺畅和有效。在职业生涯中，通过换位思考，我们可以更好地了解客户的需求，与同事协商解决问题从而提升工作效率。学会换位思考，能够提升沟通能力，无论是在工作中还是在生活中，一旦能够从对方的角度去思考问题，说明问题已经看得比较透彻了，做事三思而后行，能够给他人留下好印象，也能够在实际解决问题中提高效率。因此，换位思考是提升沟通能力的必备技巧。

（3）培养同理心。通过换位思考，我们能够更深入地理解他人的感受和心理需求，培养同理心。同理心是指在他人处境困难时，能够主动关心和提供帮助。换位思考使我们抛开以自我为中心的思维，能够体验他人的情感和挫折，进而培养同理心。同理心是我们与他人更好地相处的基础，让我们能够关心他人、体贴他人的需求，建立起良好的人际关系。换位思考能帮助我们更好地理解对方的想法和感受，从而在人际交往中建立起信任和友谊。拥有同理心的人，往往是更愿意从对方的角度考虑问题，能够设身处地地为他人着想。

（4）提供新的视角与解决方案。换位思考能够为我们解决问题提供新的视角和解决方案。当我们仅从自身的角度思考问题时，很可能无法全面地理解问题的本质和根源，通过换位思考，我们能够站在他人的角度来思考，看到更多的因果关系和利益纠葛。这使我们能够想出创造性的解决方案，更好地解决各类问题。无论是在个人生活中还是工作中，我们都会遇到许多关键性的抉择，而换位思考能够提供新的视角，帮助我们做出更明智的决策。当然，换位思考还能帮助我们发现自身的不足，从而提升自我。当我们尝试站在别人的角度看待问题时，会发现自己的思维方式和行为习惯可能存在一些不足，通过反思和改进，我们能够变得更加成熟和睿智。

总之，换位思考在人际交往、职场环境以及社会互动中至关重要。它能够增进人际关系、提升沟通能力、培养同理心，并为解决各类问题提供新的视角和解决方案。每个人都应该意识到换位思考的重要性，并将其融入到日常生活和工作中。通过换位思考，我们可以更好地理解他人、关心他人，并取得更好的成就。

二、培养换位思考能力

懂得换位思考是一个人的能力，它不仅有助于我们更好地理解他人，还能增进人际关系的和谐，提升个人的情商。因此，无论是在生活中还是在工作中，学会换位思考，能够帮助我们更好地处理各种人际关系。

（1）学会倾听。倾听是培养换位思考能力的基础。我们应该多听别人说话，了解他们的想法和需求。这样不仅能增加彼此之间的信任，还能拓宽我们的视野和思维方式。在倾听时，务必注意自己的眼神。除了并列行走或坐下时，其他时候要注视别人的眼睛，表示我们正在认真听对方说话，并且眼神要柔和自然，不要飘忽不定。眼睛是心灵的窗户，会传递出很多信息，就算你没有表情，别人也可以从你的眼睛里看出来你的第一反应。在与他人沟通时，为了显示你一直在倾听，有时候需要及时附和对方，这也是有讲究的。你说出来的附和的话不要显得太冷漠和简短，尽量让你的语言长一些，语气更有激情一些。倾听时，适当提问可以让对方保持输出的欲望。当别人听到这个提问时，会觉得自己被肯定了，会产生一丝自豪感，接下来往往就会把经验表露出来，既触发了对方的分享欲，又能让你得到一份独特的经验。当然，如果在倾听的过程中，能够明显听出来对方不愿意分享，你可以通过转移话题等形式结束这段对话，给对方更多的空间，这是倾听要达到的一种最高的目标和境界。

（2）多角度看待问题。多角度看待问题可以通过考虑问题的各个方面来拓宽思维。它要求我们从不同的维度去观察和理解问题，避免陷入单一的思维框架。借鉴不同学科和领域的思维方式和方法。例如，结合心理学和经济学的知识来分析和解决问题。从外部的角度观察问题，将自己置身于外部观察者的位置，这有助于我们发现问题的盲点和局限性。考虑问题的长期和短期影响，同时也要关注问题的历史和未来演变。这能够帮助我们更好地把握问题的本质和趋势。多角度看待问题可以让我们从多维度思考问题，看待问题更加全面。同时，角度不同，看待问题的方式也不同，能够提供更多的解题思路，把问题考虑得更透彻。通过从多个角度思考问题，我们能够更全面地评估和分析问题的利弊，有助于做出更准确的判断。多角度思考能够帮助我们克服主观偏见和片面观点，以及降低决策的风险和误差。通过站在他人角度思考问题，我们能够更好地理解他人的观点和立场，增进彼此之间的理解和协作，推动共识的达成和问题的解决。

（3）学会自我反思。自我反思是一种重要的心理活动，它可以帮助我们审视自己的错误与不足，并不断改善自己。然而，培养自我反思的习惯并不容易，需要我们积极去探索和实践。我们可以通过观察、记录和总结来培养自我反思的习惯。坚持每天或每周花一些时间回顾自己的行为、言语或想法，写下来并进行分析。可以重点记录自己在工作或学习中的表现，如工作的进展、计划的执行情况、和同事的相处等。同时，也可以记录自己在生活中的一些感悟或思考、和家人的交流、兴趣爱好等。这样有助于我们认识自己的情况，了解哪些是自己的优势、哪些是需要改善的。在自我反思的过程中，我们也需要倾听他人的建议和意见。有时候，我们自己难以看清自己的问题，需要别人的帮助和指导。可以选择信任的好友或家人，跟他们分享一些自己的想法，听取他们的反馈和看法。在接受他人建议的同时，也要学会辨别哪些是合理的、哪些是不合理的，做好自己的判断和决策。

第八节　心理调适能力

心理调适是使用心理科学的方法对认知、情绪、意志、意向等心理活动进行调整，以保持或恢复正常状态的实践活动（周新韶和李冰红，2015）[184]。心理调适能力既可以对自己的状态进行调试，也可以用于帮助别人进行调试。人们在面对环境压力时，通过各种反应形式，以对个体或群体有利的变化来对付这种压力，使个体或群体有更好的生存能力，这就是心理调适能力（胡亚荣等，2014）[185]。

一、心理调适能力的重要性

人们在日常的生活、学习或工作中，在遇到各种心理压力等时，如果能够正确地采取一些积极的心理调节策略，调整自己的情绪和心态，就可以减轻压力，使自己尽快调整适应当下的环境。对于大学生来说，心理调适能力是至关重要的。

（1）提高生活质量。心理健康调节可以帮助人们更好地面对生活中的挑战和困难，提高生活质量。当人们的心理健康得到有效的调节后，会更加积极、乐观、自信，更能够享受生活带来的美好。心理调适能力是提高生活质量的重要抓手，当人们在遇到不开心或比较紧急、难以处理的事情时，能够调整好自己的状态，正确面对压力，不急不躁，与此同时，冷静分析问题，不被难以处理的问题所牵绊，而是调整好自己的心态面对难题，学会使用情绪管理策略，如积极的思维方式、放松训练、心理暗示等，使自己更好地管理自己的情绪。与此同时，心理调适是一项长期不间断的工作，拥有积极健康的心态，才能够从容地面对各种挑战和压力，在成长的道路上迈出坚定的步伐，为自己营造更舒适的环境，从而提高生活质量。

（2）提高工作效率。工作心态是影响工作效率的关键因素之一。一个积极乐观的心态能够帮助我们更好地应对工作中的挑战，提高工作效率。在学习或工作中，我们应该设定合理的目标，合理的目标能够帮助我们更好地做规划，减少失误和浪费。培养良好的习惯，良好的工作习惯能够提高工作效率，减少工作中的压力和焦虑。保持良好的工作状态，保持饱满的精神状态、充足的睡眠和良好的饮食习惯，能够帮助我们更好地应对工作压力。心理调适能力的培养是持续的过程，也是人们在日常生活或工作中需要不断掌握的技能，在满负荷的工作下，如果我们不能够将自己从忙碌的工作中抽离出来，反而让工作把自己压得喘不过气，这就是没能够将自己的状态和心态调整好，不能够跳出看问题本质。作为大学生，应该在日常生活和学习中，学会调整自己的心态，面对各种困难都能够从容、淡定，这样才能够提高效率，为未来进入职场做好充足的准备。

（3）促进人际关系。心理调适能力强，更有利于与他人建立和谐长久的人际关系。当我们心情愉悦时，更容易积极地与他人交流、分享和支持，从而建立起更加稳固和融洽的人际关系。人际关系中难免会出现冲突和纠纷。良好的心理健康能够帮助我们更好地调控情绪，处理人际冲突。当我们具备情绪调控能力时，能够冷静思考、主动倾听、理解对方观点，并寻求解决问题的有效途径。这样不仅有助于化解矛盾，还能够增进互信和理解，加强人际关系的稳定性。保持良好的心理健康有助于提高自尊，进而影响与他人的关系。具有健康的自尊心的人更容易与他人建立起平等互利的人际关系，不会过分依赖他人的认可和评价，能够相信并尊重他人的价值，这种平等和尊重的态度有助于产生积极、健康的人际互动。通过增强自我意识、提高情绪管理能力、培养良好的沟通技巧和表达能力，我们可以更好地理解他人需求、适应不同的社交环境，并与他人建立深入和富有意义的关系。因此，心理调适能力能够促进与他人的人际关系，营造一种和谐融洽的相处氛围。

二、培养心理调适能力

在现代社会中，人们每天会面对来自生活、工作等不同方面的压力，随着压力来源的增多，人们应该更多地去想办法应对和调整，因此，心理调适能力对每个人来说都是至关重要的。

（1）正确认识自己的情绪。培养心理调适能力的第一步就是正确地认识自己的情绪。每个人都是一个独立的个体，作为生活在社会中的人，会遇到各种各样的问题，无论是在生活、学习还是工作上，应对问题是一方面，更重要的是正确地认识面对问题的情绪。人们会遇到情绪波动，如悲伤、喜悦、开心、惆怅等，了解并接受这些情绪是正常的，也有利于我们正确地管理情绪。情绪在我们的生活和事业中具有重要地位。有时候，我们正确地运用情绪，得到了事半功倍的效果；有时候，我们无法控制它，又导致事情走向不可挽回的地步。因此，情绪是一把"双刃剑"，如果我们不能成为情绪的主人，就永远不知道下一步它会给你带来什么。因此，正确地认识自己的情绪还是非常有必要的，它能够帮助我们调节好情绪，为我们处理问题做好铺垫。

（2）形成积极的心态。积极的心态是培养心理调适能力的关键所在。在面对困难和挫折时保持积极的心态有助于我们更好地应对挑战。有一种说法，抱怨是解决问题的大敌。因此，我们应该学会积极寻找解决问题的方式，调整好心态，乐观地看待未来。积极向上的心态可以帮助我们化压力为动力，更好地适应生活中的各种变化。积极的心态可以帮助我们应对挑战。无论是在工作中还是生活中，我们都会遇到各种各样的挑战。如果我们拥有积极的心态，就会更容易克服这些挑战。我们会更加乐观和自信，相信自己可以克服任何困难。积极的心态可以增强我们的自信心。当我们拥有积极的心态时，我们会更加自信地面对生活和工作中的各种挑战，同时也会更加自信地与他人交往。积极的心态可以帮助我们保持健康。研究表明，积极的心态可以降低患病风险，提高身体健康水平。当我们拥有积极的心态时，我们会更加愉快和放松，这对我们的身体健康和心理健康都有益处。因此说，培养心理调适能力可以形成积极的心态，让自己在正确积极的心态下处理问题。

（3）培养良好的应对能力。无论是在生活还是在工作中，在遇到问题时，能够从容面对，就是良好应对能力的表现。每个人在面对问题时的心态和方式有所不同，但得当的应对可以帮助我们缓解压力和调整心态。在面对不同的问题和风险时，最重要的不是如何快速地解决，而是不抗拒，调整好状态再处理问题，这也就是要培养良好的应对能力。心理学认为，抵抗只会放大我们所感受到的挑战性的情绪，从而延长我们的痛苦和困难；接受并不会让事情得到好转，但至少会让我们直面问题，能够在足够冷静的环境下去寻求良好的应对策略，当你尝试这样做时，也许事情会好起来，也许不会，但面对困难是最有效的前进方式。很多时候，我们在摆正心态的情况下，往往会思考出更多解决问题的办法，心情的愉悦会使问题更容易解决，因此，我们在处理问题时，应该培养良好的应对能力，让自己在解决问题时得心应手。

第九节　创新能力

创新能力是在各种领域中不断提供具有经济价值、社会价值、生态价值的新思想、新理论、新方法和新发明的能力（罗凤，2019；寇静和石玥，2022）[186][187]。创新能力在大学生就业中发挥着重要的作用，是核心竞争能力。

一、创新能力的重要性

创新能力是人们不断前进的力量，也是在做事干事中出彩的关键，创新能力在生活或工作中发挥着极其重要的作用，是一个国家和民族不断前进的动力。因此，大学生要培养创新能力。

（1）创新能力可以激发人们不断前进。创新是通过解决问题来体现的，如果我们由于怕犯错而在解决问题时没有独到的见解，就会影响我们创新思维的培养。在面对创新时所面临的障碍和顾虑有很多，具体表现为缺乏主见、知识量不足、怕犯错误、怕失败等。创新并不是干喊口号，而是要将想法落到实处，当然，有想法是落实好创新的前提，也是激发人们不断前进的关键力量。创新的想法来源于不断的学习。在解决问题时要有自己的主见、自信心，要有一定的创新思维能力，不要只专注于理论知识和课本，改变已有的传统学习模式，构造一个轻松思考的空间，逐步提高创新素质，得到更多的专业知识和创新基础知识，激发自身的创新意识，提高创新能力。

（2）创新能力可以增强人们的竞争意识。没有创新就缺乏竞争力，没有创新也就没有价值的提升。无论是何种形式的创新，都需要认真对待工作，踏实做好分内之事。技术上的创新在产品的生产方法和工艺的提高过程中有着重要的作用。在企业的竞争中，成本和产品的差异化都是核心因素，技术的创新可以节约成本。同样，一种新的生产方式也会为企业的产品差异化提供帮助，如果企业能够充分利用其创新的能量，就能够在市场中占据优势地位。创新对组织形式的完善和管理效率的提高具有促进作用，使企业能够不断适应经济发展的新要求。大学生在校期间，要尽早意识到创新能力的重要性，提高竞争意识，多角度增加自己的知识储备，从而提高自己的创新能力。

（3）创新能力可以提升综合素质。创新意识和创新能力的形成及发展与人的生理、心理、思维、智力、意志和人格等诸多方面都有关系，并且是这些方面相辅相成、综合作用的结果（姚朋远，2003；韩曜平等，2007）[188][189]。个体的创新意识和创新能力定型后，对个体其他方面素质和能力的训练和培养还将起到一定的推动、激发、稳固的重要作用。从这个意义上来看，创新意识和创新能力巩固、丰富了大学生的综合素质。因此，创新意识和创新能力在大学生素质结构中居于核心地位，而不只是综合素质的外在表现。大学生进入高校后，已不存在较大的升学压力，但严峻的就业形势和成才成长的迫切需要却进一步激发了他们提升自身综合素质的内在动力。创新意识和创新能力在提高大学生综合素质的过程中有其独特的作用，将创新意识和创新能力视为突破口有利于激励、刺激、引导和带动大学生其他方面的素质，从而使大学生的综合素质得到全面提升。

二、培养创新能力

知识经济时代的竞争，实质上是知识创新和技术创新的竞争，归根结底是具有创新意识和创新能力的高素质人才的竞争，更是人才培养和教育的竞争。大学生是新世纪的新生代力量，是建设国家的栋梁，他们的创新精神和创新能力对于整个创新型国家的建设具有重要的作用。提高当代大学生的创新能力，对于促进未来国家建设和发展有着重要意义，也是提升中国国际竞争力的必经之路。作为实施高等教育的各级各类高等院校，应该充分认识到培养大学生创新能力的重要性并为之努力，为把中国建设为科技强国作出应有的贡献（李爱红，2010；唐艳斌和方丹，2012）[190][191]。

（1）选用专业性强的创新性教材。教材是教育教学的关键要素、立德树人的基本载体。学习和使用教材是学生掌握理论知识的主要方法，选用新颖、前沿性的教材是高校提升创新管理水平的重要手段，也是创新教学活动和实践活动的重要指导。在教材选取时既要保证政治方向的正确性，又要考虑专业知识的深度、与学生现有水平的匹配度。选用合适的教材对学生创新能力的培养会有促进作用。加强对教材的审核，完善教材的更新。另外，要注意与时俱进性，审核是否纳入专业课的前沿成果和最新的研究成果，使理论教材更具有时代意义和指导意义（武青，2022）[192]。

（2）举办形式多样的创新实践活动。实践创新与实践平台是创新活动的载体，创新与实践相互联系（曾筱，2018）[193]。拓展第二课堂，将理论学习与实践相结合。第二课堂是高校人才培养的重要载体，其主要目的是提升学生的实践能力，拓展综合素质（曾德生，2020）[194]。大学生参与创新实践活动，一方面可以通过学科竞赛巩固自己所学的知识；另一方面能够使自己提前了解就业形势、就业岗位类型等，潜移默化地提高自身的思考能力和执行力，并通过第一课堂和第二课堂的学习提升创新能力。

（3）开展师生合作的教学活动。通过转变传统教育模式，建立新型课堂，增加师生间的互动互学。从以教师为主导的课堂转变为以学生为主导的课堂，让学生在课堂教学中发挥主观能动性。与此同时，还可以实行教师引导、导师负责制，组建创新团队。导师的学术水平和学术视野影响学生提升的高度，导师的研究精神和人格也对学生成长有着一定的影响（余双好，2016）[195]。因此，大学生在学习中，应该充分调动起自身的积极性，让自己能够在教学活动中发挥创新潜能，提高自己的创新能力。

第十节　综合技能

综合技能通常指的是在特定场景或问题中运用各种知识和技能的复合能力，往往需要根据实际情况做出判断和决策。具体来说，可能包括获取信息（如听、说、读、写）、分析思考（思维能力、理解能力、洞察力等）、解决实际问题、团队协作的能力，创新思维与创造力等都属于综合能力的表现形式。

一、综合技能的重要性

随着社会的快速发展，竞争日益激烈，拥有强大的综合技能已经变得越来越重要。综合技能不仅包括各种具体技能，也包括人们对知识、技能和经验的整合和应用能力。一个具有出色综合技能的人可以更快地适应社会变化，更好地解决问题和实现个人目标。

（1）适应社会。现代社会竞争激烈，要想脱颖而出，我们需要具备综合技能。只有通过不断的学习和实践，才能适应社会的发展和变化。一是拓宽知识面，多学几个学科，从而拓宽自己的知识面，不熟悉的学科会使我们有更长远的眼光，而不是只看眼前。二是加强训练，练习决策制定、信息分析、表达等能力，以提高我们的执行力和解决问题的能力。三是参与实践，通过实习、社交、志愿服务等与工作相关的活动，让自己更快地适应工作环境，锻炼自我管理和团队合作能力。四是寻求挑战，通过参加比赛、论坛等，挑战自己的极限，使自己更有信心和勇气在工作及生活的挑战中获得成功。大学生综合技能的提升，能够使他们更好地适应社会的发展，在社会上尽快地找到立足点，从而变得更加强大。

（2）全面掌握知识。综合技能培养需要通过多元化的学习来实现，可以通过接触不同的学科和领域，从而拓宽视野和思维。全面掌握知识不是说什么知识都学，而是有选择地学习。当前，网上各种资源平台的信息丰富多样，在搜索信息时要擦亮眼睛，找到适合的学习资源，从而使自己在学习中提高效率。现在的学习资料已经不再稀缺，但需要学习者自己去辨别知识的有用性和真假等。提高综合技能的过程其实也是一个全面掌握知识的过程。

（3）提高综合素质培养意识。通过学校、社会、企业、家庭等多方的教育，让学生认清社会需要怎样的人才，使学生思想上有紧迫感，能做到自我定位准确，进行自我管理，按学校要求和培养目标，从自身做起，从点滴做起，并融入集体之中，事事处处严格要求自己。大学生要学会自我剖析、自我诊断，扩展个人兴趣爱好，通过音乐、艺术等陶冶情操，使自己始终具有乐观的心态。有学者指出要改变以往单纯从学校角度育人的思维定式，创新性地提出构建融合政府、行业、企业、学校、家庭、学生个人多方共同努力的综合培养体系，为社会培养更多更好的高素质人才（汪鸿，2016）[196]。与此同时，大学生自身也应该充分地意识到综合素质培养的重要性，努力的同时要摆正心态，在某个方面做到出类拔萃。

二、培养综合技能

（1）改善教育环境。良好的环境能促进人格塑造的自我完善，是培养整体素质高而又具备一技之长的学生的有利条件。我国在经济建设上取得了举世瞩目的成就，但不可否认的是，社会上出现了一些享乐主义、物质主义的风潮，这些现象在学习、工作和家庭生活领域都有所体现。大学生在成长的过程中会受到不小的影响。高校的教育者应该正确地认识到综合技能培养的重要性，可以通过实地调研、案例分析等方法，全面系统地对综合技能的培养方式进行梳理，在此基础上提出一定的方案。学校的教育环境在很大程度上会对学生综合素质的培养产生影响，只有环境和谐，为学生提供更多的硬件和软件设施，才能够让学生在良好的环境中激发自身的潜能，充分发挥主观能动性，培养各项技能。

（2）创新教育内容和方法。教师无疑是高等学校教育的核心主体之一，优秀的教师应该具备良好的业务素质、独特的人格魅力、严谨的工作态度等。建设一流的师资队伍，需要制定一个完整的制度，其中体现为职称晋升、专业培训、道德修养以及年龄梯度等，并在可行政策的保障下逐步实施。高校进行了多年的素质教育，其教学内容和教学形式转变较慢，传授的内容相对滞后，与现实生活和社会的发展有一定的距离，致使相当部分学生为修够学分而采取应付手段，经常会出现教师在讲台上慷慨激昂，而学生在下面玩手机、发短信、昏昏欲睡的情形，师生互动的场景很少出现，导致教学效果不佳。因此，高校教育者应该充分调动学生的积极性，主动优化学生知识结构，促进学生综合素质的育成。

（3）加强校企合作，提供更多的实习实践机会。为实现大学生充分就业，使学生更好地掌握未来就业所需的专业技能，必须进行校企合作，通过建立多功能实验室和创业基地等，利用学校和企业各自的优势，加强校内外实践教学基地建设，创建实践教学的公共平台，建立固定的实习基地，建立与社会企业的合作关系，拓宽学生实习渠道。还可通过投资主体的多元化、产学合作、产教融合、校企合作，实现企业和学校在人才培养及利用上的双赢。为进一步提高大学生的综合素质，还要提倡文化育人，要将行业企业的先进文化引入校园和教学中，使行业企业的文化和学校文化融合起来。与此同时，为更好地加强校企合作，学生应该在受益中回馈企业，在建立联系中提高自身的综合素质，也让企业看到它们的付出是有回报的，这也能为校企合作的深入开展奠定坚实的基础。

第七章　合理规划大学生活

第一节　合理规划大学生活的重要性

大学生活规划是学生结合自身实际情况和大学环境等因素，为自己确立学习、生活以及择业、就业的计划和打算（冉小平，2006；吴步科，2011）[197][198]。它是人生规划的一部分，对一个人的成功具有重要的指导意义。大学是人生发展的重要阶段，是人生的一次大转折，也是人生的一个新起点。大学是一个人的世界观、人生观、价值观形成的重要时期，对大学生今后的发展具有非常重要的影响。

（1）充分利用时间，明确自身定位。对于每一个在校生来说，利用好宝贵的四年时间都显得非常重要。大学生可以利用自己的课余时间，去学习一些必备的技能，或者是发展自己的兴趣，可以多阅读不同种类的书籍，丰富自己的精神世界，增长自己各方面的知识，也可以参加一些社团组织，积极参加各种活动和比赛，锻炼自己各方面的能力。通过合理的大学生活规划，大学生就能够充分认知自我，正确合理地认识自身，通过科学的方法来对自己进行评估，从而实现自我定位和职业规划。对于职业前景、自身价值观、自身能力，大学生需要通过明确的定位来认识自我。对于大学生来说，学习永远是第一要务，也是大学生的本职任务。不管是为了求知，还是为了求职，都应该合理地规划好大学生活。通常，大一多是基础课；大二专业课较多；大三有专业课，但想考研的就需要准备考研、想出国的就需要考雅思或托福；大四还有一些课程，但主要任务是实习、准备毕业论文和答辩。大学四年每个阶段的任务看似很清晰，实则不是。要想过一个充实的大学生活，大学生就应该明确自身的目标，大部分学校在大一年级就有职业生涯规划课程，这个课程是在让学生对未来四年有一个明确的目标，在目标明确之后，做好自己的职业规划，但大部分学生都是在上完课程后，将自己的职业生涯规划书撇在了一边，在之后的时间里从未再拿出来看看自己的目标和规划，更不要提对自己的职业规划进行调整和对自身的能力进行培养了。因此，合理规划大学生活，能够使大学生有一个明确的目标，能够在大学阶段有意识地培养自身的各项能力，从而使自己在走出校门时自信满满。

（2）少走弯路，提高效率。人生没有彩排，上场就是直播。我们不能把握人生的长度，但是可以攀登人生的高度。能力从实践中来，友谊、机会也往往从人与人、人与组织、人与社会的交谈中获得。大学校园里，从班级、系到院、校，有党团、学生会等各级组织，还有很多社团和学生团体，这是接触社会、锻炼个人的平台。不要怀着想当官、保研、评优、评奖学金这些目的，而是根据自己的志向、兴趣、职业规划，有选择地参加一些学生组织或社团。对个人而言，口头表达能力、组织能力、写作能力、交往能力很重要。与人相处，说话态度很重要，赞美比骂人更受人青睐，没人喜欢颐指气使。在团队，相互尊重、取长补短、团结合作不可或缺。不管是将来就业还是创业，缺什么就学什么，弥补不足，学会为人处世，感悟与人竞合之道。当然，还可以参加一些兴趣团体或支教、志愿服务活动等，结交更多志同道合的朋友，这样有助于提升自己的人格、能力、气质、视野、境界、心胸和格局。新时代对大学生的要求越来越高，大学生不仅需要各方面能力突出，还要不断地充实自己，让自己能够涉及多方面的知识，满足就业岗位的需求。当然，大学生在培养自身各方面能力时，要找对方法，使自己能够在最短的时间内有所提高，必要时要多和身边的学长、学姐进行交流，避免走弯路，给自己更多的选择，从而提高效率，合理规划自己的大学生活，让自己度过一个充实有意义的大学生活。

（3）合理规划时间，制定大学规划。大学生涯是每位大学生人生中非常重要的阶段，它不仅影响个人的未来发展方向，还对个人的成长和素质提升有着重要影响。从时间维度来说，有短期规划、中期规划和长期规划。短期规划可以按照半年、季度、月、周，甚至天进行划分，根据短期目标进行当前任务的分解。中期计划可以按照一年、两年、三年等进行规划，根据中期要完成的任务或目标进行分解。长期计划可以是五年、十年等时段的计划，对长期目标进行详细分解，做好任务的安排。当然，每个人的短期、中期和长期规划时间可以根据自身的情况进行不断调整。大学是为未来就业做准备的阶段，因此，大学生在大学阶段就应该明确自己的职业目标。可以通过职业咨询、实习、拓展活动等方式来了解各个行业的特点和需求，从而明确自己的兴趣和优势所在。在此基础上，合理规划时间，制定详细的大学规划。制定规划的作用有：一是能够提醒我们每个时间阶段要完成的具体任务、具体的时间节点以及达到的目标和效果，督促我们按部就班地完成任务，不至于忘记或未及时完成任务。二是根据我们的目标，做好时间和任务的分解，为我们达到目标设定一个时间段和努力达到目标需要做的任务。三是使我们能够更有条理性，明确的目标能够使我们更有规划，在前期做好准备工作，有些任务即使很难，也能够在明确的规划下按部就班完成，不至于在截止时间前加班加点。大学规划不仅是按照时间段做好就行这么简单，还需要大学生在做规划前做好各种前期准备工作，比如，预期目标的设定、未来要提高的方面、想要达到的效果与方式等，这都是需要前期进行设定的，尤其是在对大学生活不了解的情况下，更要进行前期的准备，通过学长、学姐或家里同龄人进行详细了解，争取在规划中能够涉及多方面的情况，使自己在遇到问题时有的放矢，能够尽快解决。

第二节　正确认识就业环境

正确认识就业环境需要持续的努力和探索，不仅需要关注就业形势，还需要加强自身的学习，提升适应能力和竞争力，同时，灵活调整求职策略，在多个渠道寻找和获取就业机会。

（1）了解行业和职业趋势。关注当前的行业发展趋势和就业需求，了解各行业的就业前景和潜在机会。大学生可以通过查阅相关资料以及参加相关讲座、培训会或就业招聘会等途径获取信息。近期行业的招聘信息、用人单位的官方网站等都是了解行业和职业趋势的渠道，通过多方面、全方位的了解，能够使大学生掌握大部分的行业信息和趋势，使自己在应聘中有所准备，不至于关键时刻掉链子或"临阵磨枪"。就业环境对大学生的信息检索能力有较高的要求，需要大学生在大学阶段认真学习相关的技巧，关键时刻能够提高搜索效率，为自己找到有用的信息。

（2）关注岗位要求和技能需求。通过分析招聘信息、就业报告和就业指导，了解岗位对技能和素质的要求。通过此种方式，了解到当前就业市场所需的专业知识、技术能力以及软实力等具体要求。比如，解读岗位描述，了解该职位的职责、工作内容、技能要求等，与该职位的前任或现任员工进行沟通，了解他们的工作职责、工作中遇到的挑战等，通过更多的方式关注岗位要求和技能需求，将了解到的信息与自身的条件及能力进行横向和纵向的比较，对自我进行全面的分析。

（3）与专业教师或就业辅导员交流。寻求学校相关部门的帮助和指导，向专业教师或就业辅导员咨询就业信息、行业动态和就业前景。他们通常有丰富的经验和了解就业市场的情况，可以提供有价值的建议。就业辅导员尽管在平时有很多的行政工作，但仍旧可以通过每天抽出固定时间的方式，从低年级时就开始了解大家的职业规划，根据学生未来的就业方向对学生进行分类，开展有针对性的团体辅导，让大学生在就业辅导中认识就业环境，同时使大学生对自身的就业能力、兴趣、目标等有一个全面的了解，在校期间提前做好就业准备。专业教师可以从专业就业的角度对大学生进行就业指导，引导学生立足专业和自身能力、兴趣等，选择适合自己的就业岗位，为社会的发展贡献一份力量。

（4）进行实习或实践活动。积极参与实习、实践项目或校企合作，亲身体验工作环境和实际工作内容。通过实践，能够更好地了解具体的职业要求，掌握实践技能，并建立与现实职业环境的联系。大学生走进用人单位进行实习实践是了解就业环境最好的方式之一，能够让学生亲眼见到用人单位的运营模式、工作环境、具体的工作内容等，从而对该工作有一个相对全面的了解，为以后进入相关行业奠定基础。

（5）多渠道获取就业信息。利用多种媒介渠道，如招聘网站、社交媒体、招聘 App 等，及时关注就业信息和招聘动态。定期浏览招聘网站，加入相关职业群组，将自己的简历投递给适合的公司或机构。通过各大就业网站（如智联招聘、前程无忧等）查找相关的招聘信息，了解行业趋势和用人需求。在就业旺季，各高校都会举办招聘会，大学生可以前往现场了解各个用人单位的实际需求，并提交个人简历。大学生可以到学校就业中心的官网了解企业招聘信息等。在社交网络上，大学生可以加入一些与自己专业相关的社群，通过与同行交流，了解行业动态和就业信息。

（6）参与就业类相关培训。学校就业中心或学院通常会举办各类就业活动和讲座，包括简历写作和面试技巧培训等。积极参与，可以提升求职技能和了解就业市场情况。企业 HR 对简历、面试的具体要求等也会随着行业、时间等的不同有所变化。因此，参加与就业有关的培训是必不可少的，这也是了解就业市场的重要途径之一。

不同的方法和途径可以为大学生提供更多就业信息，多样化的信息来源也可以帮助大学生更好地了解就业趋势和就业市场，提高就业竞争力。

第三节　确定就业目标

随着大学生就业难问题的日益凸显，明确就业目标对大学生就业有着愈加重要的意义，但就业目标的确立不是一蹴而就的，需要大学生立足专业，通过自我认知和对职业世界的积极探索，并结合外部环境来明确。就业目标可以是长期或短期的，可以是具体的或抽象的。在确定就业目标的过程中，需要大学生对自我有充分的了解，并对就业环境有清晰的认知。

一、确定就业目标的意义

（1）有利于学生明确发展方向，提升自身综合实力。在有些人看来，"计划赶不上变化"，与其赶不上变化，不如不计划、随波逐流。影响就业的因素是复杂多变的，即便有明确的就业目标也未必能顺利就业，但就业目标是职业生涯规划的核心，对学生未来的发展起着决定性作用。大学四年的时间转瞬即逝，大学生及早树立起职业生涯规划的意识，明确就业目标，并为之进行积极探索，才能制定出更科学、更合理的学习计划，才能充分合理利用身边的资源，才能够拥有更完整的知识结构，才可以全面提高自身的综合素质，为未来的就业发展打下坚实的基础（聂静和宇宙锋，2010）[199]。

（2）有利于学生顺利就业，提高就业成功率。就业目标不清晰，容易导致学生求职的盲目性，更无法承受求职过程中的种种挫折和失败。就业目标是否明确将直接影响学生能否顺利就业。在现实生活中，很多情况下不是学生找不到工作，而是学生求职目标不清晰，不知道自己应该从事什么样的工作。很多学生马不停蹄地参加一场又一场招聘会，准备一场又一场的面试，累得筋疲力尽，最后却没有成功签约。只有明确了就业目标，学生才能在平时的学习生活中有意识地提升目标职业所需的能力，找工作时才会有目的、有针对性地投递简历（温晓英，2015）[200]。很多学生会和老师说，他的想法是边考研边找工作，如果考不上研究生，还能继续找工作，但在实际执行中发现，在外面找工作、参加面试，没有时间进行复习，最后工作没找到满意的，考研也没成功。针对这种情况，我们往往会建议学生明确目标，不能盲目选择就业目标，更不要给自己留好后路，应该在目标明确的情况下全力以赴，一心如果二用，往往很多事情都不能做好。因此，对于大学生来说，要想提高就业成功率，还是要提前明确就业目标，做好就业规划。

（3）有利于提升学生的就业质量。当前，面对就业难的就业现实，大学生最应该考虑的就是如何做好就业准备，明确就业目标，只有目标明确了，才知道如何做好规划，如何在招聘、投简历和面试中做好准备。明确就业目标有利于引导学生增强学习的信心与动力、充分利用身边资源为将来实现就业目标做准备、利用在校时间积极参加社会实践活动，做到理论与实践相结合，在实践中不断调整和修正就业目标，将在学校所学的知识内化为自身的素质和能力，把自己打造成更符合职场需要的专业人士，成为企业争相录用的"香饽饽"（温晓英，2015）[201]。

二、确定就业目标的途径

（1）了解自己的性格、兴趣和优势。俗话说得好，知己知彼才能百战百胜。大学生在确定就业目标前，应先了解自己的性格、兴趣和优势，明确自己的擅长领域，才能够有目的地去寻找适合自己的工作。就业目标不是一蹴而就的，需要经过前期的调研、深入用人单位进行实践等确定，结合内外部因素，制定详细的就业规划。

（2）开展就业调查。就业调查是指通过查阅资料、咨询专业人士、参加就业双选会等方式了解就业领域的相关信息。通过开展就业调查，可以了解不同就业领域的工作内容、发展前景、薪资待遇等方面的信息。同时，也可以了解自己的职业兴趣和优势与哪些职业领域相匹配，从而确定就业目标。

（3）确定长期就业目标。在了解了自己的兴趣和优势以及职业环境之后，可以确定自己的长期就业目标。长期就业目标是指个人在未来5~10年想要达到的职业目标和成就。长期就业目标应该具有一定的挑战性和实现的可能性，同时也需要考虑个人的人生价值和追求。当然，长期目标也会随着外部环境的变化而不断变化。但是，在就业前还是要做好相关规划，能够静下心来思考自己到底想要什么，以及未来的就业目标是什么，在此基础上，才能够明确毕业时应该选择的就业目标。

（4）制订实现就业目标的计划。制订实现就业目标的计划是确定就业目标的最后一步。计划应该包括具体的行动方案、时间表和自我监控机制。行动方案应该包括具体的步骤和措施，时间表应该规定每个步骤的时间节点和预期成果，自我监控机制应该对计划的执行进行监控和调整。同时，计划也应该具有一定的灵活性和可调整性，以应对就业环境和个人情况的变化。

就业目标不是一成不变的，是动态调整的，它会随着就业环境、个人工作情况等的变化而变化。在职业生涯中，大学生应该在不断反思中进行必要的调整，同时，也需要不断了解就业环境的变化和发展趋势，以适时调整自己的就业目标。

第四节　做好规划

大学四年既漫长又短暂，大学生的主要任务是学习，如何在大学阶段利用好时间，是需要详细规划的。本书从学业规划和实践规划两个方面展开，为大学生如何做好规划提供指导。

一、学业规划

（1）明确目标和方向。你需要明确自己的目标和方向，思考自己未来想要从事的职业领域，了解该领域对技能和知识的要求，并确定大学口需要学习的专业课程。此外，还应该考虑自己的兴趣爱好和优势，以便选择适合自己的专业。

（2）合理安排时间。大学四年时间短暂而充实，合理安排时间至关重要。在每学期开始前，制定一份时间表，将课程学习、课外活动、社交和休息时间合理分配。遵循"重要的事情先做"的原则，确保每天都有足够的时间用于学习和生活。

（3）注重多方面发展。除了专业学习，多元化发展也很重要。参加社团、志愿活动、实习或科研项目等，可以丰富大学生活并培养其他方面的能力。这些经历有助于提高沟通协作、领导力以及解决问题的能力。注重多方面的发展，能够使你在关键时刻抓住机会，从而有更多的选择。

（4）时刻保持自律。在大学学习中，保持自律至关重要。排除外界干扰，专注于课堂学习和自主阅读。同时，要学会合理利用网络资源，如学术论文、电子书籍和在线课程等，提高学习效率。

（5）学会调整心态。面对学习困难时，不要气馁或逃避。积极寻求帮助和支持，向老师请教、与同学讨论或是参加辅导课程。此外，利用校园内的资源，如图书馆、学业辅导中心等，以解决学业上的问题。

二、实践规划

实践是引导大学生走出校园接触社会、了解社会、步入社会的一个途径，它能够促使大学生产生本质性的改变。实践规划是大学生成长中的重要规划，如在学科竞赛、实习实践等方面的规划就尤为重要。

（1）积极参与学科竞赛。参加学科竞赛可以积极地推动学生对学科知识的深入学习，让学生在一个更深层次上认识和掌握该学科的知识。同时，学科竞赛中的难题也要求参赛者拥有更广阔的知识储备和强大的理解能力。通过参加学科竞赛的方式，督促学生巩固专业知识，以赛促学，帮助学生更好地成长。

（2）走进用人单位参加实习实践。大学生深入用人单位进行参观交流，了解用人单位的就业环境、工作内容等，使自己对将来要从事的行业有一个全面的了解，使自己根据自身的兴趣、能力等多角度分析自己是否适合该行业。在实习条件允许的情况下，建议到用人单位开展至少为期一周的实习，通过近距离地与用人单位的员工进行接触、实地了解工作内容、亲身感受工作环境等多种方式，全面地了解行业现状，从而做好评估，选择一个适合自己的就业岗位。

第八章　新时代高校辅导员在大学生就业中发挥的作用

高校辅导员是开展大学生思想政治教育的骨干力量，是高等院校日常思想政治教育和管理工作的组织者、实施者、指导者（蔡胜男，2019；夏玉，2019；王凤仙，2020；曲建武，2020）[201-204]。熟练掌握和运用马克思主义科学思想与科学方法，是辅导员应当具备的素质，是辅导员有效开展思想政治教育的看家本领，是全面提升高校辅导员思想政治工作水平的重要内容，也是新形势下贯彻落实高校思想政治工作会议精神对辅导员工作提出的基本要求的应有之义（张海燕，2020）[205]。

第一节　新时代高校辅导员的主要职责

（1）思想理论教育和价值引领。引导学生深入学习习近平总书记系列重要讲话精神和治国理政新理念新思想新战略，深入开展中国特色社会主义、中国梦宣传教育和社会主义核心价值观教育，帮助学生不断坚定中国特色社会主义道路自信、理论自信、制度自信、文化自信，牢固树立正确的世界观、人生观、价值观。掌握学生思想行为特点及思想政治状况，有针对性地帮助学生处理好思想认识、价值取向、学习生活、择业交友等方面的具体问题（廖毅川，2018）[206]。

（2）党团和班级建设。开展学生骨干的遴选、培养、激励工作，开展学生入党积极分子培养教育工作，开展学生党员发展和教育管理服务工作，指导学生党支部和班团组织建设。

（3）学风建设。熟悉了解学生所学专业的基本情况，激发学生学习兴趣，引导学生养成良好的学习习惯，掌握正确的学习方法。指导学生开展课外科技学术实践活动，营造浓厚的学习氛围。

（4）学生日常事务管理。开展入学教育、毕业生教育及相关管理和服务工作。组织开展学生军事训练。组织各类奖学金、助学金评选。指导学生办理助学贷款。组织学生开展勤工俭学活动，做好学生困难帮扶。为学生提供生活指导，促进学生和谐相处、互帮互助。

（5）心理健康教育与咨询工作。协助学校心理健康教育机构开展心理健康教育，对学生心理问题进行初步排查和疏导，组织开展心理健康知识普及宣传活动，培育学生理性平和、乐观向上的健康心态。

（6）网络思想政治教育。运用新媒体、新技术，推动思想政治工作传统优势与信息技术高度融合。构建网络思想政治教育重要阵地，积极传播先进文化。加强学生网络素养教育，积极培养校园好网民，引导学生创作网络文化作品，弘扬主旋律，传播正能量。创新工作路径，加强与学生的网上互动交流，运用网络新媒体对学生开展思想引领、学习指导、生活辅导、心理咨询等。

（7）校园危机事件应对。组织开展基本安全教育。参与学校、院（系）危机事件工作预案制定和执行。对校园危机事件进行初步处理，稳定局面，控制事态发展，及时掌握危机事件信息并按程序上报。参与危机事件后期应对及总结研究分析。

（8）职业规划与就业创业指导。为学生提供科学的职业生涯规划和就业指导以及相关服务，帮助学生树立正确的就业观念，引导学生到基层、到西部、到祖国最需要的地方建功立业。

（9）理论和实践研究。努力学习思想政治教育的基本理论和相关学科知识，参加相关学科领域学术交流活动，参与校内外思想政治教育课题或项目研究。

第二节　新时代高校辅导员的责任与使命

一、做好辅导员，坚定不移地走专业化、专家化、职业化发展之路

第一，辅导员要夯实理论基础知识，稳步提升思想政治教育理论水平。俗话说，打铁还需自身硬。高校辅导员要想做好大学生思想政治教育工作，提升自身

政治理论水平是关键。辅导员要自觉担当起培养社会主义建设者和接班人的历史使命，践行社会主义核心价值观。高校辅导员要紧跟进时代的步伐，自觉掌握最新的理论知识，同时做好社会主义思想的传播者，帮助学生扣好人生的"第一粒扣子"，不断增强学生的思想认同、理论认同、情感认同，为培养全面发展的社会主义建设者和接班人夯实信仰根基。

第二，理论与实践结合，开启专研之路。高校辅导员在开展日常工作中，要善于归纳、总结，将职责领域内容细化，将日常工作归类建档，专研分析，形成可借鉴的方法理论，并将其应用于实际工作中，将研究与实践工作相结合，这才是新时代辅导员要做的工作。让繁杂的工作内容清晰化、条理化、理论化，是辅导员专业化、专家化、职业化的途径。

二、加强网络思政教育，提升精准教育实效

一是抢先占领网络思想政治教育阵地，做好网络侦察兵的工作。随着网络技术的发展与应用，网络已经成为高校思想政治教育的主要阵地。网络媒体已经成为大学生收集信息和传播信息的主要渠道，影响着大学生的思想和行为。

二是充分利用网络平台，利用大数据分析，做到"精准思政"，微信、微博、小红书等新媒体就是大数据环境造就的产物。利用数据挖掘工具、分析工具对相关信息进行处理和分析，能够丰富高校网络思想政治教育体系，并让思政工作者获得更为客观、更为全面的视角（王明建和董微巍，2020）[207]。当前，信息技术的迅速发展为高校辅导员提供了更多的工作工具，人工智能、数智化等技术的发展提高了高校辅导员的工作效率，以此为抓手，让高校思想政治教育工作走深走实，切实为同学们的成长成才作出应有的贡献。

三是顺应"互联网+教育"这一新的趋势，提升辅导员理论素养与网络素养，网上宣传与网下教育相结合，提升思想政治教育实效。在大数据时代，将高校的思政工作做到"精准"，加强辅导员的大数据意识，充分利用现有的数据平台，从实际出发，不断更新和改建网络平台，成为高效数据平台的建设者、应用者。利用平台做学生管理工作，利用大数据分析工作的重点和突出点，将成功的工作经验归纳成理论，用理论指导学生工作。通过网络平台、网络工具等，努力成为学生成长的人生导师和知心朋友，培养担当民族复兴大任的时代新人，以及德智体美劳全面发展的社会主义合格建设者和可靠接班人。

三、充分发挥辅导员的骨干作用

高校辅导员应积极参与到高校人才培养方案的制定工作中来，为高校人才培养工作建言献策。高校辅导员队伍的特殊性，使他们需要面对和接触学生的思想、学习、日常生活，辅导员既是学生的良师，又是益友，同时也是学生工作的管理者和服务者，能够直接了解学生最关心和需要解决的问题，掌握学生近期的思想动态，深入了解学生的所想和具体需求。针对不同类型的学生，有针对性地解决其思想和生活上面临的问题，使学生适应社会的发展规律，从而有针对性地进行教育与培养。为此，高校辅导员要参与到各专业的人才培养方案制定中去，为培养真正的全面发展的社会主义建设者和接班人贡献自己应有的力量。创新工作方法，做到同向同行。将学风建设、心理健康、就业指导等相关专项工作融入第一课堂，在第二课堂中更好地培养学生的实习实践能力，培养为社会主义事业奋斗的合格建设者和可靠接班人。

总而言之，高校辅导员是高校思想政治教育的一线教师，是思想政治教育工作不可缺少的力量，是大学生思想的领航标，承担面向高校大学生开展思想政治教育的重要任务（王明建和董微巍，2020；卢吉超，2014）[207][208]。因此，高校辅导员应该立足工作实践，加强理论知识学习，提高政治站位，做坚定的马克思主义信奉者和实践者。

第三节　新时代高校辅导员开展就业指导工作的重要性

高校辅导员作为开展大学生思想政治教育的骨干力量，肩负着培养社会主义建设者和接班人的根本任务，职业规划与就业创业指导是高校辅导员的主要工作职责，因此，高校辅导员在开展好大学生就业指导工作、进一步推动大学生形成正确的就业价值观和培养正确的就业能力方面发挥着至关重要的作用。

第一，引导学生调整心态。高校辅导员作为开展大学生思想政治教育的骨干力量，也是在日常生活中与大学生接触最多的思政教师，其角色具有枢纽作用。引导大学生在就业中树立正确的就业观念，摒弃有业不就、好高骛远的想法，在面对找工作的压力时，能够及时调整好心态，不受外部环境的影响，积极地看待机遇与挑战。辅导员在了解学生实际情况后，帮助学生全面地分析就业中遇到的问题，并能够及时调整好心态，顺利就业。

第二，将就业教育融入思想政治教育工作中。高校辅导员在开展日常工作中，职业生涯规划和就业指导是其重要的工作职责。辅导员在日常工作中应充分发挥教育引导的作用，让学生在大一入学时就能够感受到大学学习和生活的不同，切实将学习作为自己的主要任务，明确自身职业规划，能够在大学期间规划好四年的学习，不断培养自身的能力。高校辅导员可以在日常工作中将生涯教育和就业教育贯穿其中，让学生在潜移默化中了解就业的重要性，及早做好规划。

第三，有利于大学生的全面发展。青年学子是与时代共同进步的一代，也是国家发展的中坚力量。高校辅导员做好大学生的就业工作，有利于大学生的全面发展。高校辅导员从大一开始做好大学生就业工作，结合各年级学生的特点，开展有针对性的阶梯式教育，理论与实践相结合，帮助大学生了解最新的就业动态，提升大学生各方面的能力，促进其全面发展。

第四节　新时代高校辅导员在大学生就业中存在的不足

高校辅导员开展就业指导工作已取得初步成效，然而，仍存在以下问题：重视程度不够；缺乏专业性；方式单一，很难做到因材施教。

第一，高校辅导员对就业指导工作的重视程度不够。辅导员作为大学生日常思想政治教育和管理工作的组织者、实施者和指导者，大部分时间用于开展日常管理，从学生换宿舍、解决矛盾冲突到组织活动等，大大小小的事情都有辅导员老师的身影，他们更多的时间都用在了日常管理和专项活动中，用来开展就业指导工作的时间就更少了。因此，为了提高高校辅导员对就业指导工作的重视程度，应该合理规划好学生日常管理和就业指导专项工作的时间分配，做好就业指导方面的阶梯式教育，提高辅导员的重视程度。

第二，高校辅导员开展就业指导工作缺乏专业性。高校辅导员一般是硕士研究生或博士研究生，从大学校园到大学校园，没有工作经验，在读期间的实习实践经验不一定足够丰富，社会阅历尚浅，开展就业指导工作缺乏一定的专业性。与此同时，存在专业不对口，对负责学生的专业了解不深刻、不透彻的现象，专业化培训较少。因此，应该不断提高辅导员开展就业指导工作的专业化水平，增加就业培训活动。

第三，高校辅导员开展就业指导工作方式单一，很难做到因材施教。当前，高校辅导员在开展就业指导工作中，往往弱化了职业生涯和就业指导工作在大一、大二阶段的重要作用，在低年级较少开展就业指导工作，一般是到了大三、大四才开始开展就业指导，对学生强调就业指导的重要性，在大三、大四阶段开展的就业指导一般是简历制作、面试指导等，很少能够根据学生的实际需求开展就业指导工作，开展方式单一，不能够做到因材施教。在开展就业指导工作中，应该加强对大学生思想特点的研究，根据大学生所处阶段的不同，开展有针对性的就业指导工作。

第五节　新时代高校辅导员在大学生就业中发挥的作用

当前，高校毕业生已经成为就业主力，促进毕业生更加充分就业，保持良好就业心态，正确进行自我定位，主动寻求就业机会，积极付诸就业行动，是高校教育工作者为党育人、为国育才的初心使命。

一、发挥辅导员认知引领作用

习近平总书记多次对做好高校毕业生就业工作作出重要指示批示，这说明党中央、国务院高度重视我国高校毕业生的就业问题。2020 年，教育部办公厅在《关于进一步发挥高校辅导员作用助力毕业生就业创业工作的通知》中强调"加强对辅导员做好就业创业工作的评价、考核、激励和督促"。同时，教育部建立启用"全国高校毕业班辅导员就业工作平台"，为高校毕业班辅导员获取大学生就业资讯、转发就业信息、查看就业进展等情况提供信息技术支撑服务（周有娣等，2020）[209]。这也要求高校辅导员应该高度重视自身在推动大学生就业中的角色定位。

《普通高等学校辅导员队伍建设规定》（教育部第 43 号令）第五条"辅导员主要工作职责"中规定，"职业规划与就业创业指导。为学生提供科学的职业生涯规划和就业指导以及相关服务，帮助学生树立正确的就业观念，引导学生到基层、到西部、到祖国最需要的地方建功立业"。由此可见，对大学生进行就业指导，是高校辅导员主要职责之一，也是一项重要而艰巨的任务。

辅导员与学生相处时间长、年龄相差不大，因此辅导员更加容易赢得学生的信任、走进他们内心深处。这有利于辅导员根据学生特点开展个性化就业指导，引导大学生客观分析就业形势、自身的优势与不足，制定科学职业规划并不断提高综合素质，使学生在毕业时能够较快地找到与自身能力素质相匹配的工作岗位。新时代的大学生个性特点比较强，追求个性化的生活方式，思想上比较开放，有更多独特的想法，倾向于我行我素。因此，辅导员在大学生就业中做好认知引导作用就显得至关重要。当前的就业形势确实越来越严峻，但是部分大学生认识不清、就业定位不准、好高骛远，导致就业设想过于美好，甚至在找工作中完全脱离现实情况，从而错过最佳就业时机而成为就业困难学生。针对比类学生，辅导员需要将学生的思想政治教育工作与就业指导工作相结合，在与学生谈心谈话等过程中，了解学生的就业倾向和就业兴趣，做好就业指导方针、政策、措施和其他就业信息的宣传与解释工作，潜移默化地引导学生树立正确的就业观。

高校辅导员在就业指导工作中发挥认知引导作用，为做好大学生就业工作打下坚实的基础。从大学生入校开始，高校辅导员就应该拥有阶梯式、全程化意识，有意识地分年级、分阶段开展大学生的就业指导工作，督促学生在大学四年中逐步实现自己的职业生涯阶段性目标。在做好引路人和服务者的同时，帮助大学生尽快完成从高校学生到社会工作者之间角色的转变。

二、发挥辅导员心理辅导作用

大学生是未来参与和推动国家建设与发展伟大事业的新生代力量，是国家和民族振兴的希望。大学生虽然在年龄上接近或者已经步入成年人行列，但是限于他们长期以来的学习和成长环境，与社会接触很少，所以从某种角度来讲，大学生群体相对弱势。高校辅导员在日常管理和就业指导工作中需要重点关注学生的心理变化情况，尤其是要在学生找工作前做好心理辅导，一旦发现问题要及时予以疏导，切实帮助学生解决实际困难。学生寻找工作遭遇挫折时，辅导员要站在学生的立场进行师生交流，帮助学生解决心理困惑，树立就业自信。

学生大多数时间都在学校中学习，相对来说，接触社会的时间较少，加上如果专业实习实践的机会较少，那对于社会和就业就了解得比较少，长此以往，便会造成他们无法摆正就业心态。有些学生认为自己学习成绩不好、不是学生干部、没有通过英语四级考试等，消极想法的持续时间一长就容易造成他们潜意识里觉得"我不行"，从而面试发挥失常，失去工作时机。大多数学生对自己评价过高，一般对于第一份工作期望很高，要求高工资，又不希望工作太累，理想与现实差距太大，很多学生因此找不到满意的工作，不能够在毕业前签约，这也导致很多用人单位不能够招到人。部分学生在择业中容易受到社会观念和周围同学的影响，大家觉得什么工作好就随之一起去争抢工作，"随大溜"现象比较严重，不能真正从自己的实际出发考虑这个工作是否合适，往往失去了发挥自己优势的好时机。从众心理是就业迷茫的一种表现，这样的学生比较急于求成，在求职中盲目听从或跟随别人的意见，甚至有些学生盲目跟从好朋友的求职意向，一起投简历、面试，争取一起工作，缺乏主观判断，不考虑自己的兴趣、专业等。针对此类情况，高校辅导员更需要在大学生就业指导工作中发挥作用，与学生及时沟通，引导学生树立正确的价值观和就业观，灵活获取学生的个人信息，可以通过谈心、听宿舍长汇报等形式，了解学生信息及性格特点，在学生入学时和毕业季及时为学生做好专业心理测评，了解学生的心理健康状况。在就业指导工作开展中，及时了解学生的思想动态，更准确地把握学生心理动态，更好地为学生排忧解难，从而引导他们树立正确的就业观，在找工作中摆正心态，怀着积极主动的情绪去找工作。大学生一旦产生心理问题，大部分都是比较严重的，高校辅导员应该在日常工作中多关注学生的心理健康状况，在就业指导工作开展中，要潜移默化地进行引导和教育，让大学生能够在就业市场中充分发挥优势，做好职业选择。

三、发挥辅导员资源链接作用

作为毕业生、用人单位、学校三者之间沟通协调的平台搭建者，辅导员要时时关注国家就业政策的变动，根据学生的求职行业、岗位意向、关注的行业动态、地域等情况，做好就业信息筛选和分类，及时、精准地向毕业生进行个性化推送。辅导员还可以通过模拟招聘和案例分析，加强对学生社会求职基本技巧的培训指导，让学生在综合演练中提升就业竞争力。

近几年，毕业生的招聘活动逐渐由线下变为线上，2023 年又逐渐有序推进线下专场招聘会、校园招聘活动的开展。因此，辅导员在开展就业指导工作时，既要充分考虑到线上就业指导工作的特征，发挥好线上的优势，利用信息化手段及时将就业信息第一时间传递给每一名毕业生，又要结合线下的新变化，引导学生关注线下专场招聘会、校园招聘活动，积极主动组织学生提前准备好简历，带上简历到招聘现场与招聘企业的 HR 当面聊聊，提前了解企业的实际需求和所要招聘岗位的能力要求，为就业做好准备工作。

辅导员在开展工作中，要密切关注线上就业平台，积极开拓新的岗位资源，如国聘招聘平台、中智招聘平台、教育部国家 24365 大学生就业服务平台、中国人力资源市场网、中国公共招聘网、高校毕业生就业服务平台、各大企业及高校公众号等线上平台。另外，辅导员也可以通过创新的就业方式开展促就业活动，既能让学生感受到老师和学校的关怀，又能让学生真实地去接触企业、主动求职、积极就业。与此同时，高校辅导员要主动带着学生走出去，多拜访企业，开展访企拓岗活动，极大地发挥整合资源的能力，切实为毕业生就业提供更多的资源和平台。

做好大学生就业工作，关系到国家社会的稳定和发展，可谓是一项重要而系统的民生工程。高校大学生的就业指导工作的重要性毫无疑问也日益凸显出来。高校辅导员要充分发挥自己在大学生就业指导中的角色优势、信息优势、岗位优势，真正明确自身在大学生就业指导工作中的角色定位，更加有效地为大学生就业提供科学的指导和周到的服务，为大学生顺利就业作出自己应有的贡献（朱冬梅，2009)[210]。

第六节　新时代高校辅导员开展就业指导工作的实现路径

高校辅导员开展就业指导工作是一个循序渐进的过程，采取全程化就业指导，从加强专业化培训、做好阶梯式教育规划和搭建就业平台入手，创新高校就业指导工作的路径。

第一，加强专业化培训。高校辅导员作为就业指导工作队伍的主力军，在就业指导工作中发挥着重要的作用。高校应加强辅导员的专业化培训，在岗前培训、心理培训等方面融入就业培训的内容。高校辅导员大多数是从校园走入校园，没有更多应聘的经验，应该提高辅导员开展就业指导工作的专业化水平，通过参加专业培训、走入用人单位了解就业市场现状等多样化形式，不断提升辅导员开展就业指导工作的专业化水平，指导更多的学生顺利走入就业市场。

第二，做好阶梯式教育规划。职业生涯规划对于每一个人来说都很重要，高校辅导员在开展就业指导工作前，根据大学生的思想特点，分阶段做好阶梯式教育规划，让就业指导工作贯穿学生的大学四年学习生活中，根据学生的特点，提前做好规划，能够因材施教。做好就业指导工作的阶梯式教育规划，有利于大学生的成长成才，更有利于大学生就业能力的培养，这是高校辅导员开展好就业指导工作的创新路径。

第三，搭建就业平台。高校辅导员需要多角度、全方位考虑就业指导工作的开展。高校为大学生搭建就业平台是促进就业的重要路径，也是开展好就业指导工作的必由之路。从搭建校企合作平台、建立校外实习实践基地、访企拓岗、开展校园双选会等多方面入手，真正从学生好就业的角度创造机会，助力大学生高质量就业。

第九章 实践指导案例

本章对工作实践中的案例进行分析，从实践性、启发性、针对性和研究性等方面着手，详细分析案例的内在联系，为大学生就业做出具体指导。

第一节 案例一：简历让我脱颖而出

小 A 是北京某高校的一名大四学生，大学四年过得比较轻松愉悦，平时对自己的职业规划也不是很重视，临近毕业求职，小 A 也没有明确的目标，她认为找工作只要自己感兴趣就可以。起初，小 A 认为自己是应届毕业生，没有工作经验，实习经验不太丰富，应该在找工作中放低姿态，对工资要求不要太高，通过低工资的方式吸引用人单位。她说："在一次面试中，当招聘者让我谈谈自己对薪金的要求时，我想了想说，月薪有 1000 元就行。负责招聘的主管告诉我，工资低并不能吸引我们，我们需要的是实干型人才，只要有能力，我们不怕多付工资。"

在求职中屡次碰壁后，小 A 总结出，低工资并不能吸引招聘单位，在找工作中，最重要的还是自己要有本领。当看到一家广告公司的招聘信息时，她就抱着试一试的心理去了。岗位需求写到应聘者要有创新意识及 Photoshop 方面的技能，小 A 在仔细分析了岗位的具体需求后，按照要求制作了一份独特的简历（杨世诚和高月庆，2005）[211]。她用 Photoshop 做了一个淡蓝色的、有"求"字形图案的背景，简历内容以产品说明书的形式呈现，写着产品名称（自己的名字）、产品产地（毕业院校）、产品特性（所掌握的专业技能）等。小 A 以一份"特殊"

的简历脱颖而出，单位入职后，招聘人员明确告知小 A，因为她的简历比较有创意，为其获得岗位增添了不少色彩，企业看重的就是她的创新能力。

【案例分析】

从以上案例中可以看出，小 A 尽管在大学阶段对职业规划不是很看重，但是在找工作的过程中摸索出了一些经验，最终通过一份相对出彩的简历脱颖而出。

（1）小 A 在大学期间对职业规划并不重视，临近毕业，也没有明确的求职目标，由此可以看出，如果小 A 在大学就读阶段就能对职业生涯规划重视起来，最起码不至于在临近毕业时还没有明确的求职目标。更进一步说，职业生涯规划是一个动态调整的过程，受求职者所在的环境、家庭，个体的兴趣、能力等多方面因素的影响，如果在大学阶段能够重视职业生涯规划，并能够有目的地去培养自身的各方面能力，做到有所准备、目标明确，小 A 会少一些碰壁，在就业大军中脱颖而出。

（2）小 A 认为自己是应届毕业生，实习经历不丰富，没有工作经验，可以通过低工资吸引用人单位。显然，这种想法是错误的。当前，尽管高校在不断扩招，应届毕业生人数在逐年增加，但是，用人单位在招聘时，缺的并不是月薪低的毕业生，用人单位更多的是看中有能力、能够为其创造效益的毕业生，用人单位的生存依托于创造更多的效益。在创造效益的同时，企业能够创新性发展，使员工队伍不断地壮大。

（3）小 A 在制作简历时能够充分考虑到用人单位的实际需求，并结合用人单位的要求创新性地制作简历，这也是小 A 能够在众多的应聘者中脱颖而出的原因。在制作简历中，小 A 能结合岗位需求，创造性地制作出出彩的简历，是非常有想法的，这也是很多就业指导课程中授课教师所强调的，在简历中呈现的内容一定要和应聘单位的岗位需求所匹配，与岗位相关的技能、实习实践等要尽量呈现，无关的内容尽量不要写在简历上。如果有不同类型的工作岗位要去应聘，需要准备多份不同的简历，简历中体现侧重点，将自己的优势完美地呈现出来，这也就是很多授课教师一直在强调的"切忌一份简历打天下"。在应聘工作中，只有自己的能力足够，简历、面试等相关准备工作做充分了，才能够如鱼得水，在就业大军中处于竞争优势的地位。

【辅导员说】

从以上案例中可以看出，尽管小 A 在求职应聘中走了不少弯路，但是通过摸索，还是找到了一份相对满意的工作。

（1）注重职业生涯规划，不仅能够使自己在大学四年中过得充实有意义，还能够培养自身各项能力，在准备各种考证中提高学习能力。大一新生在入学后，上了职业生涯规划课程，对大学生就业环境、就业前景等有一定的了解后，就应该开始着手准备职业生涯规划书，并在大学四年中不断地调整，结合自身的发展需要为自己制定适合未来发展的职业规划。通过在大学四年中不断地提高自身各方面的能力，提前规划好未来的职业生涯，对就业市场的环境、岗位需求等进行详细的了解，为自己正式走入就业市场打下坚实的基础。

（2）树立正确的价值观和就业观，提高自身各方面的就业能力，才是在就业市场中占据有利位置的法宝。在步入职场前，一定要提前对就业市场进行深入的了解，尤其是对自己想从事的行业、岗位等进行了解，知己知彼才能百战百胜。在对就业岗位进行深入了解时，不仅要考虑到就业市场的需求、对应聘者的要求等，还要考虑到就业单位的文化、管理模式等，尤其要结合自身，充分考虑自己是否能够适应此类型的用人单位。对于用人单位的文化，只有认同了，才能够更快地融入进去，并为其发展贡献更多的力量。因此，对于大学生来说，正确的人生观和价值观也很重要，在找工作中，应该树立科学的就业观念，提前了解用人单位的各项信息，为自己的求职奠定基础。所以说，帮助和引导大学生树立科学就业观是就业指导中的重中之重。

（3）一份精美的简历不仅是重要的敲门砖，更是给用人单位 HR 留下深刻印象的法宝。用人单位的 HR 在筛选简历时，一般使用"7 秒漏斗法"，利用短短的 7 秒钟就可以决定一份简历的去留。由此可见，简历对于应聘者来说是多么重要。毕业生在制作简历时，首先，要注意制作中的禁忌，证件照、简历的样式等都要经过仔细斟酌，千万不能马虎，给 HR 以直观的重要信息的呈现是非常重要的。其次，要注意简历中的实习实践等相关经历、个人能力等与招聘单位的岗位需求是匹配的，在这样的情况下，简历才能为求职者添彩，如果关联度不大，很可能在简历的初次筛选中就被 PASS 掉。最后，切忌一份简历打天下。简历的精美不只是形式上，更要在内容上，因此，应聘者要根据不同的岗位需求进行简历的准备工作。不同类型岗位的需求不同，因此，简历上一定要呈现出差别，这也就是要在应聘中准备多份简历的原因。在应聘前，只有做好各种充足的准备工作，才能够使自己处于主动的地位。

第二节　案例二：机会是留给有准备的人的

今年22岁的小J是北京某师范大学新闻专业的应届毕业生，在校期间各方面表现出色，学习成绩优异，连续三年获得优秀学生奖学金，实习实践成绩较好，是学院和班级的主要学生干部，还参加多个学生社团组织，人际交往、沟通、组织能力都很不错。

进入大四，很多学生开始关注毕业后的就业问题，小J对此还是表现出一副不着急的样子，由于在校期间各方面都很优秀，因此她对自身的各方面条件都很自信。小J的求职目标是做一名记者，她信心满满地给自己定下目标：一定要去一家有影响力的单位。小J一直认为，自己能够在北京的一家相当有影响力的媒体或者杂志社任职，即使不能够留在一家大型媒体公司，也能够去一家不错的杂志社。她对自己的实力还有各方面的条件还是相当自信的，觉得自己在就业中没问题，直到小J在就业中处处碰壁，迟迟没有找到比较满意的工作，她才明白理想与现实的差距，知道高估了自己各方面的能力。

到了9月，很多用人单位开始进校园开展招聘活动，大部分同学都在绞尽脑汁向用人单位推荐自己，将自己最好的一面展示给用人单位，小J却悠闲地在图书馆里看书。她认为，媒体一般在春节后才招聘，自己在大学期间有一定的积累，要想找到满意的工作不是什么难事。转眼到了3月，用人单位的需求达到最高峰，小J这才行动起来。她向几家中意的媒体、杂志社投出简历，也参加了一些笔试、面试，却没收到任何一家用人单位的offer。经过几次打击后，小J开始怀疑自己的能力，对自己也不自信了。直到几次碰壁，她才彻底认识到自己的职业规划可能并不合理，屡受打击后，小J决定放弃做一名媒体人，而是觉得能够找到一份相对对口的工作就很不错了，毕竟现在的社会这么"卷"，自己一定要学会知足常乐。

当时正值校园招聘的高峰期，也确实有不少机会供小J选择，一家事业单位打算聘她做党务秘书，但她考虑到可能有更适合自己的工作，犹犹豫豫间就放弃了。在出现机会时，小J总有些不甘心，认为还有更好的工作等待着她，纠结的结果就是好工作从身边溜走了。

眼看着就要毕业离校了，小 J 的就业压力也越来越大，她不得不改变想法，打算找个差不多的单位先入职干着，以后有机会再跳槽，但这时用人单位大规模的招聘计划已经过去，岗位的变少也使招聘要求越来越高，不是要求有工作经验就是要求研究生学历，以致找工作越来越难。小 J 看着身边的同学一个个与用人单位签约，心里很后悔没能在一开始就考虑好自己的就业方向，也没能在机会出现时及时抓住。她对自己说，如果找不到满意的工作，就去超市做促销员或者去饭店做服务员。

毕业前半个月，小 J 收到了一家广告公司的邀请，从事文案策划工作。尽管她对这份工作并不是很满意，但她还是与该单位签订了劳动合同。小 J 起初就是在找工作中太过于自信，导致自己的定位不正确，没有充分结合就业市场的现实情况进行自我分析，准备不充分。经过毕业季找工作的艰难后，小 J 明白了机会都是给有准备的人，不能过于相信自己，一定要结合社会的现实情况综合考虑。也正是在找工作的过程中，小 J 觉得自己变得更加成熟了，清晰地认识到了自己各方面的能力，也对社会有了更深刻的认识。

【案例分析】

和小 J 有同样经历的同学还有很多，这些应届毕业生在不断的碰壁和经历中慢慢成长，所谓"吃一堑长一智"，小 J 最终入职的企业虽然不是很满意，但她也算有了一个比较不错的归宿。

（1）小 J 在大学期间很优秀，获得了很多奖学金，也曾经是学生干部，沟通能力、人际交往能力等都很突出，在总体表现如此优秀的情况下，她并没有摆正自己的心态，当然，在求职的过程中，也没有充分地了解就业市场的现状，对所要应聘的岗位没有一个清晰的认知，对岗位需求的能力没有提前进行了解和与自身进行对比，没有分析自身的优势和劣势。本案例中，小 J 明知自己马上要就业了，但还是抱有一颗比较自信的心，认为自己在大学期间比较优秀，找工作时一定可以更胜一筹。显然，这种想法是错误的，小 J 并没有摆正自己的位置，端正就业观，树立科学的就业观，也没有在大学期间培养自己就业中可能会用到的各种能力，导致在就业中碰壁。

（2）当部分用人单位在进行招聘时，小 J 并没有着急投简历，也没有对用人单位的情况进行详细的了解，而是坐在图书馆里悠闲地看书，这种做法显然是不对的。应届毕业生如果想要就业，一定要提前有所行动，尤其是在端正就业观、制作简历、准备面试、提前了解用人单位情况等方面进行详细准备，这是必不可少的。要想找到一份满意的工作，应聘者一定会付出很多的努力，因此，小 J 在毕业季初期的做法是非常不对的，她应该更多地去接触社会、了解社会和岗位需求。当然，在就业中抱有积极的态度也很重要，尤其是对于应届毕业生来说，他们大学期间大部分时间是在学校内度过的，对社会上的很多事情都不了解，初入社会前，还是要对社会各方面有一定的了解，尤其是自己要从事的就业领域。

（3）在本案例中，小 J 认为对自己比较了解，其实不然，尽管她很优秀，但是在学校期间的优秀并不代表她一定是社会中的精英。小 J 起初对自己的就业岗位并没有一个正确的定位，导致在找工作中错失了很多机会，找工作拖拖拉拉。一旦过了招聘的旺季，很多机会都不会再来，可能剩下的更多是捡漏。因此，在对自己所要从事的岗位没有明确的认知时，可以采用边了解边投简历的方式，但还是要尽快了解自己想从事行业的招聘信息、行业特点等，使自己能够尽快有一个清晰的目标，从而为相关的就业岗位不断地努力，做好充足的准备。此外，先前的一些面试也是在积累经验，为以后找到满意的工作做铺垫。

（4）工作不分好坏，满意的工作并不是钱多活少离家近，而是能够在工作岗位上学习到新知识、增长见识、学习新的本领，使自己不断地实现人生目标。尽管小 J 对最终找到的工作不是很满意，但是未来还有跳槽的机会。小 J 在找工作中也没有一味地追求体制内的工作，尽管开始收到了事业单位的 offer，但最后还是在拖延中错失了机会。相信通过这段难忘的找工作经历，小 J 在未来的职场中，一定会珍惜此次就业机会，同时也能够认识到自身的不足，立足现有的工作岗位，不断地进行摸索，换到一份相对满意的工作，实现自己的人生理想。

【辅导员说】

小 J 的就业经历看似坎坷，但是这段经历也会为她未来的职业规划奠定一定的基础，能够提供一些经验，使她在未来的工作中顺风顺水。

（1）摆正心态，树立科学的就业观。大学生在就业中，要提早准备，做到有的放矢。机会都是留给有准备的人的，大学生在应聘求职中，要提要准备，并且不能过度自信，对自身要有一个清晰的认知。其实，在大一时，每位同学都制作过职业生涯规划书，但很多学生并没有重视，所以在大四临近就业时才开始忙活，一时间找不到方向，这对于准备就业的同学来说是非常不利的，如果能够提早重视职业生涯规划，明确树立科学就业观的重要性，就不会在临近就业时不知所措，找不到自己的就业方向。因此，高校教育者也应该在大学四年中，将职业生涯规划和就业指导始终贯穿其中，不断提醒学生就业的重要性以及如何提前准备就业、应该做好哪些重要的工作，工作做在前面，才不会使自己在就业季处于被动地位，这样才能变被动为主动，在主动出击中，使自己在就业市场中处于竞争优势地位。

（2）提前了解社会需求和用人单位的情况，才能够使自己处于优势地位。本案例中，小 J 尽管一开始是一副不着急的样子，觉得自己在校期间各方面都很优秀，但是经过多次碰壁后能够看到自身的不足。她找工作的经验告诉我们，提前了解社会和招聘岗位的需求是必不可少的，尤其是社会环境、就业环境、经济环境等各方面信息，这些对应聘有一定的帮助。参与实习实践能够帮助大学生提前了解社会，尤其是对自己感兴趣的用人单位、招聘岗位等有一个清晰的认知，通过参与实习实践，也能够对用人单位的环境等有一个起码的认知，从而明确自己未来的就业方向，知晓当前的岗位环境是否适合自己。

（3）充分了解自身的优劣势，找准方向、准确定位。小 J 找工作的经历告诉我们，在准备就业前，首先，要了解自身的优势和劣势，充分分析行业内外部的环境，知道自己想要从事什么类型的工作、该类型的工作有何特点，如何去适应此类的工作等。其次，要找准方向，在自己还没有完全想好时，不要一直在原地，而是应该行动起来，即使有好几个方向还拿不定主意，但也要先从了解行业情况、岗位需求等做起，在慢慢的了解中找到清晰的方向。最后，准确定位也是很重要的，一方面是给自己一个定位，另一方面是所要从事岗位的地点、环境的定位。大学毕业生初入社会时，在对社会环境、岗位需求有一定认知的基础上，千万不能好高骛远，很多学生都很有自己的想法，这没什么不对，但是一定要弄清楚理想与现实的关系，凡事要脚踏实地，充分结合自身的情况来找工作。

（4）正确认识工作单位性质，找工作中要量力而行，不要挑肥拣瘦。本案例中，小 J 并没有介意所找工作的单位性质，但是她一门心思想去媒体行业，将自己所从事行业的性质基本上固定住了，所以在找工作中，她一直关注媒体行业，对给了 offer 的事业单位也一直不理睬，导致丢失了工作机会。大学生在找工作中，一定要量力而行，过于追求某一个行业，或者对用人单位的地点有要求，反而会使自己可选择的余地减少了。大学生初入职场找工作时，要求和想法太多未必是一件好事。虽然在找工作中不提倡海投简历，但是一直盯着一类用人单位投简历，也未必正确，大学生应该在投简历中多给自己一些选择，选择的面儿广了，自己的路也会更宽，从而助力未来的发展。

第三节 案例三：专业不对口，不一定不被录取

毕业于北京某大学的小 B 学的是电气工程及其自动化专业，因为他不太擅长编程，对工科也不是很擅长，因此大学四年学得还是比较痛苦的，他决定毕业后换个专业领域找工作，扬长避短。他在大学期间做过学生干部，在沟通表达能力等方面较突出。大四期间，在一场大型招聘会上，他相中了一家国内著名的汽车代理公司提供的职位——营销员，但对方要求应聘者是市场营销专业学生。尽管他不是市场营销专业毕业，本身的专业也不属于文科专业，但他还是决定试试。在投简历前，他与招聘人员聊了一会儿，咨询了该家用人单位的具体情况和具体的岗位需求。在交谈中，招聘人员告诉他，公司要扩大业务，所以需要有市场开拓能力的学生。听完介绍后，小 B 随即表示自己具备市场开拓能力，并列举了自己在大四期间在某制药厂实习时，参与开拓市场并取得不错成绩的经历。听了小 B 的自我介绍和具有专业水准的表述后，招聘人员对他的"专业素养"很满意。三天后，小 B 接到了该家用人单位的面试通知，经过层层筛选，小 B 以绝对优势收到了该家单位的录用通知。

【案例分析】

通过小 B 的案例我们不难看出，在就业市场中，除了专业，用人单位更看重应聘者的就业能力，尤其是能够胜任该工作的能力。

（1）在本案例中，小 B 学习的是工科，但是他并不擅长自己所学的专业，他也深知自己学习得比较痛苦，因此在就业中，他希望能够主动扬长避短，找一份自己相对比较喜欢并在该领域有一定专长的工作。尽管小 B 的工作与所学专业并不对口，但是他能够正确地认识到专业和就业岗位之间的关系，找了一份自己相对喜欢和擅长的工作，这样最起码能够保证自己的胜任力和喜好，使自己在工作岗位上最大化地发挥自身的特长。小 B 在了解自我的情况下，能够摆正心态，进入就业市场去找工作，这也是在分析了自身优劣势的情况下做出的决定，说明小 B 在招聘中还是有一些自己的想法，能够结合自身的实际需求去找工作，而不

是盲目找专业对口的工作，这一点是非常值得正在找工作的应届毕业生学习的。调整好心态，摆正自己的位置，是进入就业市场的前提条件，只有调整好自己，才能够从容应对就业招聘。

（2）小 B 对自己的各方面条件有一个清晰的认知，这与他做过学生干部有关，尽管他专业学习成绩一般，但是各方面的能力还是可以的，因此，对于高校毕业生来说，在大学就读期间，应该努力提高自身各方面的能力，不断充实自己，使自己能够在就业市场上脱颖而出。在本案例中，小 B 可以说是一个在读期间不断提高自身能力的学生，尽管在专业学习上存在一定的困难，但是他能够主动参与实习实践，到制药厂实习提高自身各方面的能力，说明该生在就业方面还是有一些想法的，能够主动在实习中培养和锻炼各方面的能力。作为大学生来说，对就业市场和自身有一个清晰的认知，能够在找工作中更加顺利。

（3）在就业中学会推销自己。在应聘过程中，很多应届毕业生一看到和自己专业不对口的工作就不会过多考虑，小 B 非常喜欢并自认为适合这份工作，就勇敢地去应聘了。在找工作中，尽管小 B 的专业不对口，但是他采取了"先入为主"的策略，自己的简历先不给应聘单位，以避免考官先发制人说"抱歉"，而是在与考官沟通的过程中，充分展示自己市场营销方面的才能，让考官相信自己具备胜任这个工作岗位的能力。因此，在找工作中，需要掌握一定的技巧。大学生一定要掌握一些就业策略，为自己的就业添彩。本案例中，小 B 并没有急于投出自己的简历，而是循序渐进地与招聘人员进行沟通，将自己已经做过的工作展示给招聘人员，通过举实例的方式，让对方充分认识自己。因此，大学生在应聘中应该掌握一些小技巧，为自己的求职路锦上添花。

【辅导员说】

通过对小 B 的案例进行分析发现，小 B 是一个很有规划的人，对自己的职业有一定的规划，能够清晰地看清楚就业现状和自身的需求，对应届毕业生来说，他是一个值得学习的典范。

（1）主动扬长避短，在喜欢和适合自身发展的领域内发展。应届毕业生找工作，在确保兴趣专业的同时，应该尽量放宽求职应聘的条件，不要太过异想天开，一味追求大城市、"铁饭碗"或高收入，反而导致自己错过"恰如其分"的工作。首先，应该对当前的就业市场环境、应聘的岗位需求等有一个清晰的认知，分析外部环境的同时，要充分考虑到自身的情况，包括自己的能力水平、兴趣、优势等，在找工作中一定要能够充分发挥优势，这样才能成为就业赛道的赢家。其次，应该考虑到自己在就业中的劣势，如没有经验、缺乏一定的社会阅历，这也在提醒毕业生要提早做好就业规划，提前进入社会、走入企业参与实习实践。高校的教育工作者也应该在就业指导工作中，多提供一些到企业参观学习、实习实践的机会，帮助学生增长见识，充分认识就业岗位的环境和工作内容，让学生在实习实践中提高自身各方面的能力。最后，大学生要提前做好功课，了解所从事行业的整体情况，对自身做好一个预评估，能够知道自己的性格等是否适合这份工作。同时，这也提醒学生在未来从事此类工作时，需要在哪些方面进行提高和改进。

（2）主动参与实习实践，努力提高自身各方面的能力。有人说，大学是一个小型社会。这也说明，在一定程度上，大学对学生的教育意义是深远的。因此，高校教育工作者更应该充分利用好大学四年的时光，分阶段、分类开展职业生涯规划和就业指导工作，对有个性的学生要开展个性化指导，让学生在大学阶段享受到阶梯式的就业指导，为未来走入社会奠定坚实的基础。比如，在大一阶段开展职业生涯启蒙教育，指导学生制作职业生涯规划书，告知职业生涯规划的重要性，教会学生如何在动态调整中培养自己的各项能力。在大二阶段做好职业规划的引导，鼓励学生积极参与到职业生涯规划当中去，通过参加讲座的形式对就业市场、就业技巧等有更多的了解。大三阶段要主动带领学生到企业开展实习实践，充分了解企业的运营模式、岗位需求等，提高学生的动手实践能力，与此同时，做好简历制作指导、面试指导等工作，让学生在大三阶段就做好充分的准备。大四阶段，做好学生找工作的心理疏导工作，毕业季开展就业工作时要注重大学生的心理健康教育。对于毕业生来说，努力找工作是一方面，更重要的是心态要调整好，能够正确面对当前面临的就业环境，经受得住打击，正视自己，在找工作中不断提高自身各方面的能力。

（3）学会推销自己也是一种能力。初次找工作时，很多同学碍于面子，都是考官问什么答什么，害怕自己说错话，不能主动向他人推销自己。大学生的就业能力是自身能力的一种体现，光有能力，不能及时抓住机会去推销自己也不行。小 B 就是一个主动推销自己的典型案例，他面对专业不对口的工作，能够结合自己的实习实践经历进行自我推销，说明他是一个很会推销自己的人。学会推销自己并不是只在口头上进行推销，还可以落实到简历上，让自己的简历出彩。比如，可以通过利用企业的 UI 进行简历设计，利用新技术处理简历，让自己的简历能够在众多的简历中脱颖而出。另外，出彩的简历也是对自身能力、实习实践经历等的展示，投简历其实就是一个推销自己的过程。作为新时代的大学生，在就业中不仅要提升自己各方面的能力和水平，更重要的是要能够抓住机遇，不断地展示自己和推销自己，让自己能够在应聘中处于优势地位。大学生在校期间就应该学会主动推销自己，使自己在更多的场合有机会展示自己，为在就业中推销自己打下基础。

第四节　案例四：时刻做好应聘的准备

北京某大学会计学专业应届本科毕业生小 D 在大三的时候就为自己确定了进入某会计师事务所工作的明确目标，加上学校的师哥师姐又在那里工作，她很早就投入了前期的准备。首先，她经常关注该公司的官方网站和公众号，了解其招聘计划及招聘信息，根据招聘岗位需求提前做好准备，合理安排应聘时间，及时通过网络提交自己的简历。其次，她通过各种渠道了解应聘公司的企业文化和风格，认同企业文化，让自身各方面与企业的形象等相匹配，对公司工作人员的穿着情况进行全面了解，根据这些对自己做适当的修饰，以贴近公司的整体风格，使自己和公司的面试官的穿着差别不大。

小 D 表示，面试时间有限，给面试官的第一印象非常重要，在短暂的沟通了解中，要在穿着、气质、处事态度、表情等多方面表现得都很完美。把握好自己的整体感觉其实也是一种就业能力。在求职过程中，简历是你留给招聘单位的第一印象，通过了这一关才有可能得到面试的机会，因此简历是至关重要的。在招聘简历中，一些常规的部分，如你的学术背景（包括学校和专业）已经不能改变了。因此，简历一定要出彩，要有能吸引人眼球的地方，使之在初筛中被留下来。

小 D 在制作简历时，把自己最突出的地方写在前面。对于她来说，实习实践经历是比较丰富的，因此，她并没有按照常规将成绩、奖励等放在前面，而是选择了自己的闪光点，从而抓住了 HR 的眼球。

小 D 性格比较开朗，学校举办的一些活动需要英语志愿者时，她都会主动报名积极参加，在此类活动中既可以锻炼英语表达能力，又可以学会与人交往，对以后的应聘很有帮助。不断地积累实习的经验是很重要的，而且用人单位也比较关注这方面的情况。

在面试中，"商品"就是自己，需要不断地推销自己。小 D 认为，面试前要做好充分的准备，临场回答一定要"知之为知之，不知为不知"。这个年代，老实并没有过时。大学生无须把面试想象得多么恐怖、刁钻。虽然面试官有的严厉、有的慈爱，但他们都是本着录取合适人员的态度来的，只要你如实发挥水平就可以了。多数面试都是从自我介绍开始，小 D 认为面试中要如实反映优点，紧扣专业优势，突出自身的特长。因为一般的介绍在简历上已经有了，考官不会太感兴趣，所以更要主动突出介绍自己的性格和专业等优势。在面试过程中，不要过分渲染自己的社会工作成果，也不要拔高自己的成绩水平，而是就自己擅长和熟悉的专业领域跟考官坦诚地聊聊，过于夸张地渲染自己各方面的成绩，反而不能给面试官留下好印象。

小 D 在应聘工作前会进行充分的准备，对岗位需求和现状进行全面的了解，做好功课。在找工作中，能够做足功课，及时了解相关信息，也是就业能力的体现。小 D 通过自己的努力，顺利通过面试，进入普华永道就职。

【案例分析】

小 D 找工作非常顺利，得益于她在就业前的各种准备工作，前期工作做足了，才使她在投递简历和面试中比较顺利。

（1）就业目标明确，提前做好各种准备工作。小 D 是一个非常有规划的同学，在找工作中，目标明确，知道自己想从事什么类型的工作，对自己的未来有一个非常清晰明确的规划。她能够主动收集一些相关用人单位的资料，提前了解岗位需求，对用人单位的企业文化进行深入了解，看自己是否对用人单位的文化有所认可，在此基础上，通过对言行、穿着等方面的调整，使自己主动与用人单位的文化、风格等契合，以上各种努力都是在为顺利通过用人单位的面试做准备。小 D 是一个在准备工作前就已经有明确目标的应届毕业生，她在找工作中之所以很顺利，与目标明确且清晰地知道自己未来的就业方向有关，这才使她能够积极主动地准备简历和面试，在简历制作和面试中有自己的一些比较好的做法和心得，顺利找到喜欢的工作。

（2）制作有特色的简历，使简历能够在众多的简历中脱颖而出。制作一份精美的简历，不只要追求形式上的精美，更重要的是要提前做好实习实践等素材的积累并在简历中展现出来。大学生要多走入用人单位进行实习实践，充分认识社会环境，了解岗位的需求，丰富自己的专业知识，在实习实践中提高各方面的就业能力。在简历制作中，要像小 D 一样，将自己的优势放在最显眼的地方，让HR 在筛选简历时，能够一眼看到，抓住 HR 的眼球，使自己的简历尽量不要在第一轮被筛掉，这样才有机会走到 HR 面前去更多地展示自己。一般情况下，如是党员，要尽量将其写在最显眼的地方，很多单位尤其是体制内的单位，它们的一些岗位会对政治面貌有一定的要求，当然，这也要与用人单位的招聘岗位的需求相契合。因此，在制作简历时，要尽量多地考虑到招聘岗位的需求，知道用人单位的招聘需求，这样才能够有的放矢。大学生要制作一份 HR 喜欢的简历，让自己能够在众多的应聘者中脱颖而出。

（3）学会基本的面试技巧，使自己能够与面试官顺利地交流。除了制作精美的简历外，要想顺利到用人单位就职，还要经历面试这一关，学会基本的面试技巧是很有必要的。本案例中，小 D 在大学期间就有意识地锻炼自己的沟通交流能力，在面试中，小 D 尽量地去展示自己，将简历上没有提及的内容展示出来。能够与考官顺畅地交流，是必备的基本技能。此外，她能够学会主动推销自己，这也恰恰说明了小 D 能够从容地应对面试，不怵场、不紧张，将自己相对优秀的一面展示出来。小 D 也提到，面试时要坦诚，让面试官能够充分地感受到你的真诚，真诚可以通过语言表现出来，也可以通过眼神的交流表现出来。想入职一家用人单位，一定要在各方面表现出来自己的加入意愿和想在用人单位好好工作的诚意。

【辅导员说】

本案例中，小 D 的找工作经历，能够给很多大学生以启发，以她为榜样，做好应聘前的各项工作，使自己在找工作中少走弯路。

（1）就业目标明确，提前做好规划。做事三思而后行，在大学阶段就应该想好自己未来的具体去向，无论是选择考研、出国、就业还是创新创业，都应该有一个明确的目标，使自己在就业季来临之前，提前做好各方面的准备工作。本案例中，小 D 的就业目标就很明确，她通过自己的专业知识学习、学长学姐的经验介绍等，为自己确定了一家目标用人单位。在择业过程中，她通过不断地收集资料，了解用人单位的文化和风格等，为实现自己的就业目标奠定坚实的基础。就业目标明确不只是锁定一家用人单位，也可以是多家，关键是要有一个就业方向，对自身有一个明确的定位，锁定所要应聘的岗位类型，能够在不断地参加面试中提高自身的面试技巧，轻松应对就业季。

（2）制作一份精美的简历。简历是应聘者找工作中的敲门砖和门面，因此，一份简历对应聘者来说是非常重要的，它决定着应聘者能否进入后续关卡。制作简历时，除了考虑样式上的精美外，还要考虑到内容是否有说服力，尤其是在简历上展示的内容要与应聘岗位的需求契合，能够与用人单位想要的人才标准吻合。当然，更重要的是，通过一份精美的简历，向用人单位充分地展示自己，将自己与岗位相关的技能、实习实践体现到简历上。要注意简历制作的样式，要让人看到后觉得赏心悦目，可以制作彩色的简历，充分挖掘用人单位的网站、UI等相关元素，使简历看起来更贴合用人单位的文化，给 HR 一种亲切感，这样能够给人留下深刻的印象，从而顺利通关。

（3）掌握面试技巧，使自己在众多的竞争对手中脱颖而出。大学生在应聘工作时，都会经历面试这一关，面试根据用人单位的要求不同，分为不同的类型，有些单位还会有好几关面试，希望通过面试的形式筛选出比较满意的应聘者。大学生在大学阶段，尤其是在步入职场前，应该好好学习一些面试技巧，通过参加实习实践等，对已掌握的技巧进行应用，为正式找工作奠定基础。掌握面试技巧可以在找工作中锦上添花，技巧并不是说如何圆滑地回答问题，而是把问题回答得更漂亮。当然，最基本的内容就是自己的实习实践经历和与应聘岗位相关的获奖、竞赛、学生干部经历等，通过在面试中举实例和用数据说话的方式，使自己的经历更有说服力，以理服人，能够给面试官留下深刻的印象，为自己留在用人单位奠定坚实的基础。

第五节　案例五：阳光总在风雨后

小 M 在校期间表现出色，学业成绩优异，与此同时，她还是学生干部，参加了多个社团组织，人际交往能力和组织能力都不错。因此，人们普遍认为，她想找到工作不是件太难的事情，可是她也一样遭遇了多次波折。

到了年底，很多用人单位开始进校园进行招聘，大部分学生都忙着制作简历，向用人单位推销自己，她却悠闲地在图书馆看书准备考研。她有自己的想法：如果考不上研究生，等节后再找工作也不是什么难事。转眼到了第二年 3 月，考研成绩下来了，她没有考上，这时用人单位的需求也达到最高峰，小 M 开始行动了，她向几家中意的媒体、杂志社投出简历，也参加了一些笔试、面试，却没有单位向她抛出橄榄枝。

经历过几次打击后，小 M 开始"怀疑"自己，也变得有些慌张。于是，她开始退而求其次，决定放弃做一名媒体人的梦想。在毕业前半个月，她应聘到上海一家五星级酒店做服务员。后来，她发现这样的工作与自己所学专业相差甚远，没有发展空间。于是，她孤身一人前往北京，加入到"北漂"一族的行列中。

初到北京，小 M 倍感彷徨。陌生的环境、陌生的人群，一切都要从零开始。参加了几场大型招聘会，应聘了几家企业后，她被一家企业文化咨询公司录用。这家公司是给各个大型企业做人才培养和企业文化培训的。起初，她在此公司做经理助理，后来由于她非常喜欢这一行，就利用业余时间，主动钻研企业文化咨询服务课程，慢慢地，她成了这个领域的行家，并得到了领导的器重。她认为，在私企打工始终没有大的发展空间。随后她跳槽到一家有名的食品公司人力资源部，主要负责团队培训等工作。因为有了之前的工作经验，她很能胜任这份工作。在这家企业工作两年后，她有了升职的机会，可是这家企业却被另外一家公司收购，北京的办公地马上变成了生产车间。因为没有了施展才华的地方，小 M 离开了那家公司。

此后不久，小 M 就被北京一家管道设备有限公司录用。这是一家国有企业，工资待遇、员工福利都非常不错。这次她所做的仍然是人力资源管理，为了能在这个单位发展得更好，她还自费读了在职研究生，利用空闲时间给自己充电。

小 M 经历了找工作中的多次波折后表示，机会总是留给有准备的人，最初她在就业中准备得并不充分，没有能够正确认识到就业的紧迫性。其实，大学生就业首先要有一个符合实际的就业目标，提前做好职业规划；其次是要果断，在社会需求呈现买方市场的态势下，好的用人单位不可能等待你迟来的回复，机会总是会悄悄流失。另外，她最想说的是，一些在毕业前还未找到满意工作的大学生，最要紧的不是在最短的时间内找到满意的工作，而是要保持良好的心态，找不到工作时也不要太急躁，这样反而会乱了方寸，在最关键的时候，需要摆正心态，主动出击，因为每位大学生的潜在能力都不差，都有各自的闪光点，只是有时还没有被发现而已。

【案例分析】

在本案例中，小 M 经过多次波折后，终于找到了一份相对比较满意的工作，在她找工作的过程中，我们可以发现，有很多方面是可以改正的。

（1）未能够充分认清当前的就业环境。小 M 一开始盲目自信，以至于没有认清自己与社会现状，对就业的准备不充分，想当然地认为找工作不是件太难的事情。为了找到理想中的工作她屡次投递简历，希望用人单位能够录用她，但没有亲身实践的她，在临近毕业的求职过程中屡屡受挫，以至于怀疑自己的能力出现了问题。充分地认识到当前的就业环境不只是认清就业形势、就业市场的竞争压力等，还要清楚自己将要从事的行业的前景、现状等。小 M 在就业过程中，先是准备考研，在考研失利后，选择加入就业大军，但并没有充分地分析自身的竞争优势和劣势，与此同时，没有考虑到就业环境带来的影响，属于就业准备不充分。小 M 在考研备考中的状态是悠闲的，这也体现了她其实并没有明确的目标，如果真的是想一门心思考上研究生，她就不会是坐在图书馆里悠闲地看书，而是全神贯注地全力以赴。在就业前她也没有参加过实习实践，导致没有实践经历，在找工作中并不存在所谓的竞争优势。

（2）没有提前做好职业生涯规划。本案例中，小 M 向几家中意的媒体、杂志社投出简历，也参加了一些笔试、面试，却没有单位向她抛出橄榄枝。经历过几次打击后，小 M 开始变得有些不自信了，怀疑是不是自己的能力有所欠缺。于是，她开始退而求其次，决定放弃做一名媒体人的梦想。在毕业前半个月，她应聘到上海一家五星级酒店做服务员。后来，她发现这样的工作与她所学专业相差甚远，没有发展空间。于是，她孤身一人前往北京，加入到"北漂"一族的行列中，之后慢慢找到了合适的工作。小 M 起初对职业生涯是没有任何规划的，觉得找到糊口的工作就行，在不断试错中终于找到了比较满意的工作。大学生应该在大学阶段做好职业生涯规划，并在不断的调整中完善职业规划，使自己不断进步。

（3）对自我没有清晰准确的定位。小 M 没有进行准确的自我定位，不知道自己需要什么，以至于盲目选择了不适合自己的酒店服务生职业。她的价值理念告诉她，在这样的环境中无法最大限度地发挥她的社会价值。在不断地寻找工作与认识社会现实的过程中，小 M 也在不断地认识自己。小 M 在北京找到工作后勤恳工作，得到了老板的器重。她在这个过程中改变了老板对她的认识，也同时改变了自己。小 M 的价值观、人生观、世界观使她再次离职。这体现了人的精神世界，特别是人生观、价值观对人的决定性作用。之前的工作经验使她在新职位上十分顺利，但公司被人收购又使她感到无法施展才华，于是再次离职。这次的离职依然体现了"三观"的决定性作用。最终小 M 选择了符合她人生观、价值观的职业，即到一家国有企业工作。实践产生认识，先前的实践也让她认识到什么职位适合她，她在认识世界、改造世界的过程中认识和改造了自己。实践让她真切地认识到自己，最终坚定地留在了国有企业。

（4）做选择要果断。小 M 在找工作中，给人的感觉是在不断地试错，并没有真正地去果断地做决定选择自己喜欢的工作，当然，这和她自身没有明确的职业生涯规划和就业目标也有很大的关系。如果明确目标、够坚定，知道自己想要什么，就不会在做选择中犹犹豫豫而不知道如何抉择。本案例中，小 M 在准备考研前，其实就没有完全想好自己未来的具体规划，哪怕是方向性的问题，也没有思考清楚，以致在不断做选择的过程中多次更换自己的目标，这在找工作中是十分忌讳的。因此，要想果断做决定，前期就应该有一个明确的目标。

【辅导员说】

通过对本案例的分析发现，小 M 尽管在兜兜转转中找到了相对满意的工作，但是案例中还是有很多需要注意的方面，需要提醒正在找工作的大学生们，希望能够对他们有所帮助。

（1）充分认识就业环境。当下的就业环境对于大学生来说充满了挑战和机遇。随着社会的快速变化和经济的不断发展，就业市场也在不断演变。因此，大学生需要具备清晰的认识，以便做出明智的决策和有效的准备。了解各行业的发展趋势是认清就业环境的重要一步。大学生应该积极跟踪行业新闻和市场动态，了解哪些行业正在蓬勃发展、哪些行业面临挑战。通过研究行业趋势，大学生可以确定自己的专业是否与市场需求相匹配，从而调整自己的职业发展方向。现代社会对于专业技能的需求越来越高，大学生应该关注当前就业市场对于技能的需求，尤其是与自己专业相关的技能。通过学习和培养这些技能，大学生可以提升自己的竞争力，增加就业机会。同时，随着技术的不断创新和发展，大学生也应该持续学习和适应新的技术，以跟上时代的步伐。

（2）提前做好职业生涯规划。职业规划可以帮助我们更好地规划自己的职业发展，实现自己的职业目标。因此，根据个人优势和兴趣制定一份具体的职业规划非常必要。首先，我们需要明确自己的职业目标。职业目标应该是具体、可行和有挑战性的。例如，我希望成为一名优秀的市场营销经理，负责公司的市场营销策略和推广活动。这个目标非常具体，可以帮助我更好地规划自己的职业发展。其次，我们需要制定详细的时间表和行动计划。时间表应该包括短期、中期和长期的职业目标，以及实现这些目标所需的时间和步骤。行动计划应该具体、可行和有挑战性，包括学习、工作和实践等方面的内容。例如，我需要在短期内提高自己的市场营销技能，中期内积累市场营销经验，长期内成为一名优秀的市场营销经理。具体的行动计划包括参加市场营销培训、阅读市场营销相关书籍、参加市场营销实践等。最后，我们需要定期评估和调整职业规划。职业规划是动态变化的，我们需要根据自己的实际情况和职业发展的步调进行调整。例如，如果发现自己的职业目标需要进行调整，我们需要及时调整并制定新的时间表和行动计划。制定一份具体的职业规划可以帮助我们更好地规划自己的职业发展，实现职业目标。同时，定期评估和调整职业规划也非常重要，可以帮助我们更好地适应职业发展的变化。

（3）积极寻找实习机会。大学生实习是非常重要的一步，它不仅可以让学生更好地了解自己所学专业的实际应用，还可以帮助他们积累实践经验，提高自己的职业素养和竞争力。因此，寻找实习机会是非常必要的。在寻找实习机会的过程中，学生可以通过多种途径来获取信息。首先，可以向自己的专业老师咨询，询问是否有相关的实习机会等。专业老师通常会有丰富的资源和经验，能够为学生提供有价值的指导和帮助。其次，学生可以向自己的亲友或身边的人求助，了解是否有相关的实习机会或可以介绍的公司。亲友之间的联系往往可以起到事半功倍的效果，因为他们能够提供更真实的信息和更有力的背书。最后，学生还可以通过招聘网站等途径来寻找实习机会。当前处于互联网时代，信息的传播速度非常快，学生可以通过各种招聘网站来了解相关的实习信息，并进行筛选和申请。寻找实习机会是一项非常重要的任务，需要学生付出一定的努力和时间。只有不断地尝试和实践，才能够找到最适合自己的实习机会，并为自己的未来职业发展打下坚实的基础。

（4）选择要果断。在职场中，我们应该为自己做决策，当然，决策应该是果断积极的。从自身来说，我们应该不断完善自己，让自己的能力能够更好地驾驭自己本职岗位的工作。同时，我们应该注重平时的积累，多积累会让自己不断完善和提高，也更加理智。所谓的果断决策，并不是需要有多快，而是应该在适当的时候不犹豫，能够遵从自己的内心选择适合自己的结果。果断决策并不是鲁莽决断，而是建立在自己的自信心基础上的决策。因此，自身的能力还是第一位的。与此同时，我们应该多听取大家的意见，在综合大家意见的基础上，再进行正确决策。

参考文献

[1] 孙琳琼，刘杰．新时代美好生活话语融入高校"马克思主义基本原理"课程教学研究［J］．马克思主义理论教学与研究，2023，3（2）：141-148.

[2] 习近平．在纪念五四运动100周年大会上的讲话［N］．人民日报，2019-05-01（2）．

[3] 王瑞．构建新时代"就业思政"育人体系［N］．中国社会科学报，2023-05-22（A08）．

[4] 张秀静，苏凌峰．坚定引导大学生就业与新时代同向同行［J］．中国大学生就业，2021（20）：7-9.

[5] 苏贵．高校就业教育内涵式发展的实现路径［J］．继续教育研究，2022（6）：74-79.

[6] 李颖．新时代大学生就业观研究［D］．保定：河北大学，2021.

[7] 崔思维．长春农业博览园有限公司发展战略研究［D］．长春：吉林大学，2022.

[8] 孙勇．关于建构边疆学体系的体系思考——代《边疆学导论》之绪论［J］．华西边疆评论，2018（00）：3-59.

[9] 苗佳．扎根理论研究法在应用语言学研究中的应用［J］．外文研究，2015，3（1）：25-31+105.

[10] 周姗姗，徐坤，毕强．科研用户场景下的高校科研数据组织管理架构构建［J］．图书情报工作，2017，61（18）：29-34.

[11] 时高畅，苏立宁．基于扎根理论的担当型农村基层干部素质特征研究［J］．宿州学院学报，2023，38（1）：22-27.

[12] 秦静怡，李华，陈秀，冯雯．新工科与创新创业教育融合的模型研

究——基于扎根理论的 80 所高校样本分析 ［J］. 中国高校科技，2022（8）：10-16.

［13］李怀祖. 管理研究方法论 ［M］. 西安：西安交通大学出版社，2021.

［14］余耀东，冉光圭. 企业外部环境对内部治理机制的影响效应研究 ［J］. 经济与管理研究，2010（11）：30-38.

［15］徐天舒，朱天一. 创新驱动发展战略下优势传统企业的创新特性——基于苏州 200 家优秀科技创新企业的实证分析 ［J］. 科技管理研究，2016，36（15）：1-7.

［16］李素峰，严良. 资源型区域生态创新作用机理研究 ［J］. 华东经济管理，2019，33（1）：67-73.

［17］吴明隆. 结构方程模型——AMOS 的操作与应用 ［M］. 重庆：重庆大学出版社，2014.

［18］李京丽. 工科食品类专业毕业生就业特点分析及对策研究 ［J］. 轻工科技，2017（5）：136-137+143.

［19］杜飞轮，魏国学. 2023 年上半年就业形势分析与展望 ［J］. 中国物价，2023（8）：6-8.

［20］祝李杨. 如何开展有效的大学生就业政策宣传 ［J］. 教育现代化，2016，3（27）：297-298.

［21］黄华波. 简论有中国特色的积极就业政策 ［J］. 中国劳动，2002（11）：9-11.

［22］英明，魏淑艳. 中国特色积极就业政策效果分析：一个评估框架 ［J］. 东北大学学报（社会科学版），2016，18（3）：288-295.

［23］倪红刚，徐燕娜. 政府在社会工作中应扮演什么角色 ［J］. 中国社会导刊，2007（10X）：37-39.

［24］孙月蓉. 提高山西省城乡居民最低生活保障标准的建议和对策 ［J］. 经济师，2022（5）：201-202.

［25］吴玉银. 医疗救助资金管理使用存在的问题及改进建议 ［J］. 审计与理财，2015（4）：54-55.

［26］李俐. 大学生就业社会保障促进研究 ［J］. 青年时代，2016（1）：48.

［27］王磊. 大学生就业政策及保障体系研究 ［J］. 才智，2018（14）：222.

［28］练飞. 高校大学生就业创业问题分析及对策探讨 ［J］. 教育教学论坛，

2017（47）：233-234.

［29］景坤玉．高校转型背景下大学生就业创业的问题及对策分析［J］.湖北函授大学学报，2018，31（9）：1-2+5.

［30］向中坤．试论大数据环境下大学生就业创业新前景［J］.中外企业家，2019（12）：174.

［31］汪巍，万海颖．大数据时代大学生就业创业新前景研究［J］.山西农经，2020（20）：141-142.

［32］王楠．河南省高校食品类专业毕业生就业现状分析与对策研究［J］.轻工科技，2017（11）：178-181.

［33］赵婀娜．学生需要的，就是我们努力提供的［N］.人民日报，2021-06-22（7）.

［34］张玉．高校毕业生就业形势分析及对策［J］.河南机电高等专科学校学报，2012（2）：81-82.

［35］王阳．政策持续优化助力就业形势稳中向好［J］.中国报道，2023（5）：86.

［36］周人杰．多措并举，促进高质量充分就业［J］.人才资源开发，2023（15）：1.

［37］温晋芳．创新创业背景下大学生就业难问题及对策［J］.人才资源开发，2023（10）：18-20.

［38］王益彬，张莉．大学生就业内卷化现象、成因及其消解路径［J］.黑龙江高教研究，2022，40（3）：139-146.

［39］吴雅桐．精准服务理念下大学生就业创业问题与对策研究［J］.科教导刊，2023（14）：142-144.

［40］吴森．大学生就业指导中创新创业模式存在的问题及优化措施［J］.就业与保障，2023（7）：121-123.

［41］许步亮．互联网时代下的创业模式新思考——评《大学生职业生涯规划与就业创业指导教程》［J］.科技管理研究，2021（22）：247.

［42］姚静，陈玉．食品质量与安全专业毕业生就业状况研究与分析［J］.安徽农学通报，2016，22（6）：177-179.

［43］辜萍萍，张立娟，程似锦．高职食品类专业毕业生就业现状分析［J］.湖北成人教育学院学报，2020，26（5）：38-42.

［44］韦颖．普通高校毕业生就业意向测评的建构与实证研究——以云南省六所普通高校为对象［J］．高等教育研究，2017（2）：65-70.

［45］马小静．高职院校慢就业现状分析与对策研究［J］．青岛职业技术学院学报，2020，33（1）：39-41.

［46］史秋衡，任可欣．我国大学生就业能力内涵及其影响因素探析——基于应用型高校与研究型高校的对比［J］．华东师范大学学报（教育科学版），2023，41（8）：1-12.

［47］王勇，李文静．全渠道营销中消费者线下购买对线上购买的影响——基于消费者购买行为过程的实证研究［J］．商业研究，2016（4）：118-124.

［48］罗映梅．当代大学生就业观教育研究［D］．重庆：重庆工商大学，2013.

［49］王勇，李文静．零售企业社会责任的消费者认知和响应的关系研究［J］．哈尔滨商业大学学报（社会科学版），2016（1）：72-79.

［50］许世彬．高校毕业生就业创业工作问题及对策分析［J］．中国大学生就业，2023（2）：31-36.

［51］胡维芳．后危机下"90后"大学生就业观的特点、成因与对策研究［J］．青海社会科学，2010（6）：72.

［52］袁姣姣．高等教育大众化背景下大学生就业观研究［D］．重庆：重庆交通大学，2012.

［53］朱厚望，李经山．高职学生职业准备期就业观培育的研究［J］．机械职业教育，2012（12）：3-5.

［54］孙墨疃．经济新常态下高校大学生就业观问题研究［D］．大连：大连理工大学，2018.

［55］游敏惠，袁晓凤．"微文化"传播对当代大学生价值观的影响及对策［J］．青年探索，2013（4）：53-56.

［56］迟成勇．论当代大学生就业观之构建［J］．中国石油大学学报，2012（2）：104.

［57］龚惠香．当代研究生择业观的演变趋势［J］．青年研究，2000（8）：7.

［58］姚科艳．农科大学生择业观、就业服务需求与高校就业服务优化［D］．南京：南京农业大学，2011.

［59］彭薇．"大就业观"：自主多元的成才观［J］．中国青年研究，2005（1）：11．

［60］常春圃．当代大学生就业价值观的变化探析［J］．中国教育技术装备，2016（18）：4-6．

［61］潘文庆．就业价值观对大学生就业质量的影响研究［J］．广东社会科学，2014（4）：40-46．

［62］余彬．我国高等教育大众化初级阶段大学生就业观问题研究［D］．武汉：华中科技大学，2006．

［63］朱梅彩，林开文，尹蒙，寇卫利．高校大学生就业观研究进展［J］．就业与保障，2021（7）：59-60．

［64］朱晓妹，丁通达，连曦．大学生就业预期的影响因素研究回顾［J］．黑龙江高教研究，2012（4）：64-68．

［65］周泽仪．大学生就业观的研究综述［J］．劳动保障世界，2020（9）：23-24．

［66］孙铁山，刘霄泉．中国超大城市常住外来和常住户籍人口居住—就业的空间错位——基于北京、上海和广州的实证［J］．人口与经济，2016（5）：23-34．

［67］李善乐．哪些因素影响大学毕业生就业满意度——基于调查数据的分析［J］．中国青年研究，2017（5）：97-105．

［68］苏健涵．大学生就业选择的"同群效应"探讨［J］．福建论坛（人文社会科学版），2016（3）：175-177．

［69］文丰安．新时期影响大学生就业观形成的因素研究［J］．国家教育行政学院学报，2009（7）：28-34．

［70］陈春潮，齐婉宁．大学生就业地域选择影响因素调查——以南京高校学生为例［J］．劳动保障世界，2018（18）：14-15．

［71］毛泽东．毛泽东选集（第一卷）［M］．北京：人民出版社，2009．

［72］张宗芳．影响大学生就业观的因素及优化路径［J］．宁波职业技术学院举报，2020（2）：43-48．

［73］柴天姿．大学生就业区域流向：是外力推动还是内力驱动？［J］．高等工程教育研究，2014（5）：124-129．

［74］宋晓会．影响大学生就业观的因素探索［J］．长春理工大学学报（社

会科学版），2009，22（6）：979-980.

［75］陈鉴．关于影响高校大学生就业因素及对策分析［J］．思想理论教育导刊，2011（4）：112-114.

［76］陈迎明．影响大学生就业因素研究十年回顾：2003—2013——基于CNKI核心期刊文献的分析［J］．现代大学教育，2013（4）：35-44.

［77］阮草．父母职业类型对大学生就业表现的影响研究——基于2017年全国高校毕业生就业状况调查数据［J］．江西财经大学学报，2019（6）：16-25.

［78］李旺．青年就业观的影响因素及应对策略［J］．人民论坛，2021（11）：89-91.

［79］刘佳，方兴．"00后"大学生就业：城市选择与影响因素［J］．北京青年研究，2022，31（4）：59-67.

［80］张杨．家庭资本与研究生就业认知——基于"211"高校的实证研究［J］．高教探索，2018（1）：88-92.

［81］章根红，李洪全．影响大学生就业观形成的因素［J］．统计与管理，2014（2）：167-168.

［82］高岳涵．西北少数民族大学生就业问题探讨［J］．中南民族大学学报（人文社会科学版），2017（3）：63-66.

［83］尹兆华．新媒体对大学生就业的影响及其对策［J］．传媒，2019，301（8）：84-87.

［84］韩春．浅谈人工智能对大学生就业观的影响［J］．科技资讯，2019，17（34）：225-226.

［85］张亚锋，郭萍倩．高校贫困生就业观的影响因素及应对策略［J］．湖南人文科技学院学报，2012（4）：104-107.

［86］杨红军，沈杰．护理专业大专生就业观及影响因素调查［J］．中国误诊学杂志，2022（6）：4283-4284.

［87］张伟．研究生就业观对专业就业匹配的影响关系研究［J］．黑龙江高教研究，2020，38（1）：38-41.

［88］刘海艳，李跃鹏．90后大学生就业观特点分析［J］．科教导刊（上旬刊），2012（3）：234-235.

［89］刘惠芳．毕业生就业指导工作的有效性探析［J］．中小企业管理与科技（下旬刊），2015（1）：263-264.

［90］冯来顺，王力．浅谈新时代大学生就业观［J］．科技风，2019（5）：234．

［91］唐博．转变就业观念，创业走进基层［J］．中国大学生就业，2019（9）：16-18．

［92］肖婷．人工智能时代劳动者就业观嬗变及其引导［J］．中国国情国力，2019（5）：36-39．

［93］韩春．浅谈人工智能对大学生就业观的影响［J］．科技咨询，2019，17（34）：225-226．

［94］朱梅彩，林开文，尹蒙，寇卫利．高校大学生就业观研究进展［J］．就业与保障，2021（7）：59-60．

［95］罗映梅．当代大学生就业观教育研究［D］．重庆：重庆工商大学，2013．

［96］李小琼．"互联网+"视域下大学生就业价值取向引导路径研究［J］．教育理论与实践，2017，37（12）：33-35．

［97］刘保中．时代变迁与就业选择：新时代大学生就业意愿的新特征［J］．青年探索，2020（1）：15-24．

［98］刘晏男，张家旗，韩春旭，冯华超．大学生就业意愿影响因素分析［J］．合作经济与科技，2021（5）：110-112．

［99］周君宇，罗重阳，张若洋，吴雪娇，梁艺谱．大学生就业意愿影响因素［J］．商展经济，2021（7）：100-103．

［100］李晓静．大学生基层就业意愿及影响因素研究［J］．海峡科技与产业，2020（8）：31-34．

［101］伍浩川．后疫情时代大学生就业意愿影响因素研究——以合肥市大学生为例［J］．创新创业理论研究与实践，2022（8）：114-116．

［102］康正，张立新，孙长颢，吴群红，郭银梅，李月欢，田国梅．卫生事业管理专业本科生就业意愿及就业观的调查研究［J］．中国高等医学教育，2019（5）：4-5．

［103］俞锋，韦娜．高职院校毕业生"慢就业"心态问题及应对方式探究［J］．大众文艺，2021（24）：203-205．

［104］郭金花，潘盼盼，冯浩然．新时代高校大学生就业观的现状与培育研究［J］．中国多媒体与网络教学学报（上旬刊），2022（4）：173-176．

［105］王会娟．大学生就业观现状与应对策略［J］．经济研究导刊，2022（31）：144-146.

［106］王兴宇．大学生就业观：误区、成因与对策［J］．教育与考试，2020（3）：64-69.

［107］刘志，邹云龙．大学生非理性就业决策问题的分析与应对［J］．思想教育研究，2017（9）：113-117.

［108］张建军．大学生择业从众行为的特征分析与对策研究［J］．思想理论教育，2008（1）：78-81.

［109］张刚生．互联网舆论对青年大学生就业认知的误导与对策研究［J］．中国青年研究，2023（5）：51-58+86.

［110］解玮，高金祥．当代大学生就业观的误区及教育引导之策［J］．继续教育研究，2017（11）：94-96.

［111］杨飞．大学生就业指导中开展思想政治教育的可行性研究［J］．科教导刊，2021（23）：180-182.

［112］贾利军．大学生就业能力结构的研究［D］．南京：南京师范大学，2007.

［113］Feintuch A. Improving the Employability and Attitudes of "Difficult to Place" Persons［J］．Psychological Monographs，1955，69（7）：1-20.

［114］Hillage J.，Pollard E. Employability：Developing a Framework for Policy Analysis［J］．Development for Education and Employment，1998（85）：4-8.

［115］Thijssen J. G. L.，Van der Heijden，Rocco T. S. Toward the Employability-Link Model：Current Employment Transition to Future Employment Perspectives［J］．Human Resource Development Review，2008（2）：165-183.

［116］Bennett，Dunne，Carre. Patterns of Core and Generic Skill Provision in Higher Education［J］．Higher Education，1999，37（1）：71-93.

［117］Denise Jackson. Business Graduate Employability—Where are We Going Wrong?［J］．Higher Education Research and Development，2013，32（5）：776-790.

［118］Anne Green. The Concept of Employability，with a Specific Focus on Young People，Older Workers and Migrants［R］．Publications Office of the European Union，2013.

［119］Riebe L. , Jackson D. The Use of Rubrics in Benchmarking and Assessing Employability Skills ［J］. Journal of Management Education，2014，38（3）：319 - 344.

［120］Yorke M. , Knight. Embedding Employability into the Curriculum ［R］. Higher Education Academy，2004.

［121］Phillip Brown，Anthony Hesketh，Sara Wiliams. Employability in a Knowledge - driven Economy ［J］. Journal of Education and Work，2003，16（2）：107 - 126.

［122］Oliver B. , Hunt L. , Jones S. , Pearce A. , Hammer S. The Graduate Employability Indicators：Capturing Broader Stakeholder Perspectives on the Achievement and Importance of Employability Attributes ［EB/OL］.（2010）https：//www. researchgate. net.

［123］Rajani Kumari. Fuzzified Expert System for Employability Assessment ［J］. Procedia Computer Science，2015，62（8）：99 - 106.

［124］李军凯. 大学生就业能力的结构及影响因素研究 ［J］. 中国青年研究，2012（11）：89 - 92.

［125］王磊，刘瑛. 高职大学生就业能力提升的对策研究——以汉江师范学院物流管理专业为例 ［J］. 物流技术，2017，36（7）：189 - 192.

［126］程志玲. 大学生就业能力培养策略研究 ［D］. 大连：大连理工大学，2009.

［127］谢娟. 大学毕业生就业能力指标体系与量表开发研究 ［D］. 南京：南京理工大学，2012.

［128］邵宏润. 基于就业能力培养的美国大学课程开发研究——以商学院为中心 ［D］. 长春：东北师范大学，2011.

［129］卢鹏鹏. 基于企业需求视角的高校毕业生就业能力研究 ［D］. 大连：东北财经大学，2011.

［130］黄金玉. 大学生就业能力模型的建构与验证 ［D］. 苏州：苏州大学，2014.

［131］程玮. 大学生就业能力理论模型与研究工具的开发——基于150家企业和7所高校本科生实证分析 ［J］. 高教探索，2016（5）：78 - 89.

［132］王新俊，孙百才. 近30年来国外大学生就业能力研究现状及进展

［J］.教育与经济，2018，34（5）：57-72.

［133］汪磊，吕佳.大学生就业能力影响因素探讨［J］.教育教学论坛，2021，12（52）：161-164.

［134］李军凯.大学生就业能力的结构及影响因素研究［J］.中国青年研究，2012（11）：89-92.

［135］彭树宏.大学生就业能力结构及其影响因素的实证研究［J］.教育学术月刊，2014（6）：61-65.

［136］宋齐明.大学生就业能力培养现状及影响因素——基于本科毕业生调查数据的实证研究［J］.教育发展研究，2017，37（23）：23-29.

［137］屠辛霞，张玫.新时代大学生就业能力的关键因素与提升对策——来自杭州市大学生的调研分析［J］.经济研究导刊，2020（26）：35-37.

［138］潘玮.基于结构方程模型的大学生就业能力影响因素分析［J］.对外经贸，2020（7）：115-117+124.

［139］郭欣.中国当代大学生就业能力培养研究［D］.长春：吉林大学，2017.

［140］徐素珍，文静.我国大学生就业能力研究的回顾与展望——基于2010—2020十年文献的分析［J］.煤炭高等教育，2021，39（6）：42-48.

［141］王爱萍.大学生就业能力培养机制研究［D］.厦门：厦门大学，2011.

［142］张瑞.学习投入对大学生就业能力的影响研究——以学业成就为中介变量［D］.太原：山西财经大学，2017.

［143］徐远.探究大学生就业能力结构及发展特点［J］.高教学刊，2015（20）：195-196.

［144］邱晶晶，马睿.提高大学生综合素质 增强就业能力的途径［J］.党史文苑，2011（4）：79-80.

［145］刘志林，孙小弟.浅谈大学生就业指导工作的思路［J］.甘肃科技纵横，2009，38（4）：105-106.

［146］姜启波，郭威.金融危机下就业心理障碍与用人单位录用机制对比分析——以江苏南京部分高校学生和企业为调查对象［J］.社科纵横（新理论版）.2009，24（4）：74-75.

［147］余少伟，刘少锴.高职毕业生就业指导工作对策研究——以广东经济

欠发达地区高职院校为例 [J]. 文教资料, 2010 (8): 229-233.

[148] 格日勒. 论如何灵活运用大学生就业指导工作的有效方法 [J]. 山西青年, 2013 (22): 111.

[149] 余修日, 徐跃进, 占年标. 谈地方院校大学生就业教育课程建设 [J]. 教育探索, 2007 (2): 113-114.

[150] 沈爱平, 南东求. 职业指导与规划是学生成功就业的基础 [J]. 职业技术, 2012 (5): 60.

[151] 付晓娜. 新形势下地方高校就业促进与服务工作路径探析 [J]. 中国就业, 2023 (1): 46-48.

[152] 王英杰. 思想政治教育视阈下大学生就业能力现状及对策分析 [J]. 现代职业教育, 2021 (50): 106-107.

[153] 宗亚玲. 高职院校贫困大学生就业能力现状及提升路径 [J]. 连云港职业技术学院学报, 2022, 35 (4): 85-88.

[154] Fugate M., Kinicki A. J., Ashforth B. E. Employability: A Psychosocial Construct, Its Dimensions and Applications [J]. Journal of Vocational Behavior, 2004, 65 (1): 14-38.

[155] Yorke M., Knight. Embedding Employability into the Curriculum [R]. Higher Education Academy, 2004: 4.

[156] Lorraine Dacre Pool, Peter Sewell. The Key to Employability: Developing a Practical Model of Graduate Employability [J]. Education and Training, 2007, 49 (4): 277-289.

[157] 刘威岩, 展鹤. OBE 理念下如何培养和提升大学生就业能力 [J]. 中国管理信息化, 2021, 24 (8): 230-231.

[158] Harden R. M. Outcome-Based Education: Part 1: An Introduction to Outcome-Based Education [J]. Medical Teacher, 1999, 21 (1): 7.

[159] 阮红芳, 张俊. 基于 OBE 理念的大学生就业能力培养方式研究 [J]. 浙江科技学院学报, 2022, 34 (2): 178-184.

[160] 孔治国, 于淼. OBE 理念下大学生就业能力培养体系研究 [J]. 黑河学院学报, 2020, 11 (1): 139-141.

[161] 朱勤. 产业升级与大学生就业能力构成要素实证研究——基于浙江省327 家企业的问卷调查 [J]. 中国高教研究, 2014 (5): 81-84+92.

[162] 周广阔，王云江，王虎．高职大学生就业能力研究 [J]．杨凌职业技术学院学报，2018（1）：68-71.

[163] 万晴晴．沈阳体育学院健美操专项健身服务类人才就业能力结构模型构建研究 [D]．沈阳：沈阳体育学院，2019.

[164] 王建光，楚洪波．大学生高质量就业能力评价——基于吉林省2631份调查数据 [J]．黑龙江高教研究，2021，332（12）：123-129.

[165] 黄炜明，李柳清，吴志远．模糊综合评价法在大学生就业能力评价中的应用 [J]．科技风，2021（2）：160-161+174.

[166] 郑寿．新工科背景下地矿类大学生就业能力提升研究——以福州大学"紫金模式"为例 [J]．人才培养与就业，2022（18）：57-64.

[167] 孟玮．浅谈当前大学生就业形势及应对方法 [J]．中国集体经济，2011（30）：42-43.

[168] 侯天顺，党进谦，杨秀娟．大学生主观能动性培养途径 [J]．黑龙江教育（高教研究与评估），2014（9）：73-75.

[169] 张博文．大学生就业主观能动性缺失的原因及应对策略 [J]．辽宁教育行政学院学报，2018，35（6）：21-23.

[170] 任彩霞，黄清音．提高在校大学生创新思维能力的探索 [J]．福建医科大学学报（社会科学版），2018，19（1）：50-53.

[171] 雷建鹏，蓝燕飞．大学生职业认知教育中存在的问题与对策研究 [J]．出国与就业（就业版），2012（3）：65.

[172] 刘朝华，靳艳玲．试论提高大学生就业能力的主要经验 [J]．经济研究导刊，2010（19）：273-274.

[173] 蔡可姝．论大学生就业能力的影响因素及提升路径 [J]．科教文汇（中旬刊），2018（32）：139-140.

[174] 崔莉．大学生就业能力及其开发路径的分析 [J]．民营科技，2014（11）：290.

[175] 李翰逸．大学生就业能力及其提高路径开发研究 [J]．现代职业教育，2016（28）：48.

[176] 翟红敏，高岩．浅谈高职毕业生就业现状及就业能力的培养 [J]．邢台职业技术学院学报，2010（6）：50-51+86.

[177] 连建良．试论提高大学生就业能力的路径选择 [J]．就业与保障，

2011（8）：27-28.

[178] 梁恒．关于提升大学生就业能力的思考［J］．西北成人教育学院学报，2011（4）：46-49.

[179] 魏艳．高校应如何培养和提高大学生的就业能力［J］．吉林教育，2011（26）：4-5.

[180] 蒋慧娇．关于提升中职学生职业能力的思考［J］．职业，2019（8）：46-47.

[181] 汪晓辉．本科院校大学生职业技能培训之我见［J］．考试周刊，2010（53）：209-210.

[182] 张义明，余广俊．加强大学生职业技能素质培养的思考［J］．成功（教育），2013（6）：1-2.

[183] 张乐芹．中职 PLC 教学模式的探索［J］．科技信息，2010（13X）：239.

[184] 周新韶，李冰红．高职院校大学生就业心理问题浅析——基于心理调适的视角［J］．广西职业技术学院学报，2015，8（5）：91-94.

[185] 胡亚荣，李叶红，徐彬锋．珠三角高职医疗器械专业学生就业能力影响因素的实证分析［J］．职业时空，2014，10（2）：116-118.

[186] 罗凤．就业导向下高职学生自我管理技能培养研究——以湖北工业职业技术学院为例［J］．湖北工业职业技术学院学报，2019，32（2）：16-19.

[187] 寇静，石玥．浅析就业能力培养的大学生职业生涯探索与实践［J］．现代职业教育，2022（3）：160-162.

[188] 姚朋远．大学生创新意识和能力的培养是全面推进素质教育的关键［J］．辽宁行政学院学报，2003（4）：92-93.

[189] 韩曜平，徐建荣，卢祥云．大学生创新意识和创新能力培养的途径和方法［J］．中国科教创新导刊，2007（22）：129-130.

[190] 李爱红．论大学生创新能力的培养［J］．河南财政税务高等专科学校学报，2010（1）：48-49.

[191] 唐艳斌，方丹．论大学生创新能力的培养［J］．中国校外教育，2012（15）：18.

[192] 武青．新时代高校大学生创新能力培养研究［D］．昆明：昆明理工大学，2022.

［193］曾筱．应用型专业大学生创新能力培养［J］．中国高等教育，2018（21）：56-57.

［194］曾德生．充分发挥第二课堂思想政治教育价值［J］．中国高等教育，2020（8）：38-40.

［195］佘双好．关于马克思主义理论学科创新性人才培养的思考［J］．学校党建与思想教育，2016（17）：38-45.

［196］汪鸿．以就业为导向的高职学生综合素质培养研究［J］．中国市场，2016（35）：183-185.

［197］冉小平．当代大学生的学习与生活规划初探［J］．重庆工商大学学报：西部论坛，2006（S1）：142+145.

［198］吴步科．浅议大学生如何规划大学生活［J］．科技信息，2011（23）：149.

［199］聂静，宇宙锋．论职业目标明确的重要性［J］．辽宁经济职业技术学院·辽宁经济管理干部学院学报，2010（4）：93-94.

［200］温晓英．职业目标在大学生求职过程中的重要作用［J］．科教文汇（上旬刊），2015（7）：142-143.

［201］蔡胜男．浅析高校辅导员落实立德树人根本任务——以"形式与政策"课为抓手［J］．科教导刊（中旬刊），2019（11）：94-96.

［202］夏玉．西安XY学院辅导员选聘体系研究［D］．西安：西安电子科技大学，2019.

［203］王凤仙．高校学生党员在辅导员工作中发挥作用的模式和问题探究［J］．吉林教育，2020（17）：71-72.

［204］曲建武．当好大学生健康成长的指导者和引路人［J］．中国高等教育，2020（20）：22-23.

［205］张海燕．新时代高校辅导员的使命与担当——基于五种思维提升思想政治工作能力［J］．西部学刊，2020（10）：89-92.

［206］廖毅川．高校基层党组织意识形态工作的机制构建［J］．青年与社会，2018（12）：23-24.

［207］王明建，董微巍．基于大数据背景下高校辅导员思想政治教育的职责与使命［J］．教育教学论坛，2020（37）：310-311.

［208］卢吉超．辅导员队伍专业化建设路径探析——以辅导员职业能力标准

为视角 [J]．思想理论教育，2014（11）：102-105．

[209] 周有娣，黄清，刘季商．新冠肺炎疫情对高职院校毕业生就业的影响及对策分析——以吉安职业技术学院为例 [J]．现代商贸工业，2020，41（30）：81-82．

[210] 朱冬梅．辅导员在大学生就业指导工作中的角色定位与作用发挥 [J]．文教资料，2009（36）：154-156．

[211] 杨世诚，高月庆．求职路上比智慧 [J]．中国职业技术教育，2005（36）：47-50．

后　记

　　大学生是国家宝贵的人才资源，是未来社会主义事业的建设者和接班人。对于每一位大学生来说，殊途同归，毕业后都要走入社会，走向工作岗位。大学生通过就业，才能将自己所学的专业知识转化为实践，不断提升自己各方面的技能，拓宽视野，丰富人生经历，更好地实现自己的人生价值。高校教育工作者要根据学生所处不同阶段的思想特点，开展培养大学生就业观和就业能力的系列活动，理论与实践相结合，引导青年学子合理规划大学生活，让职业生涯规划与就业指导成为每一名大学生成长成才的必修课。

　　本书是笔者实践研究的成果，利用实证研究方法，系统分析了大学生就业观与就业能力关系，并通过经典案例的分析，为大学生就业实践提供指导。本书所研究的大学生就业观与就业能力贴近学生实际情况，由于笔者在相关领域具有一定的研究基础，从而保证了本书的代表性和可参考性。另外，本书也是一本对大学生就业指导的教程，书中详细描述了大学生就业观与就业能力的现状、存在的问题以及具体路径等，有助于读者理解和掌握就业指导的常用方法。

　　在本书的撰写过程中，笔者也得到了相关领域专家、领导、老师的支持和帮助，在此一并表示感谢。

　　衷心地希望本书能够对高校教育工作者和大学生有所帮助，也希望大学生能够从中有所收获，进而规划好自己的大学生活，顺利走上工作岗位。

李文静

2023 年 12 月